I

UN AL-THANI CHASSE L'AUTRE

Le 30 juillet 2009, l'émir du Qatar et sa deuxième épouse profitent d'une relative fraîcheur, à l'ombre des glycines, sur la terrasse de leur immense villa de Châteauneuf-Grasse, dans les Alpes-Maritimes. Ils contemplent le magnifique panorama qui s'étend jusqu'à la baie de Cannes. À cinq mille kilomètres de là, il fait quarante-cinq degrés à Doha et, comme Cheikh Hamad bin Khalifa al-Thani, la plupart des dignitaires qatariens ont déserté l'émirat pour passer l'été sous une latitude plus tempérée. Les palais et les administrations du Qatar sont plongés dans une sorte de torpeur estivale, prélude à la léthargie qui marque le mois du Ramadan. Conditions idéales pour un coup d'État.

Voilà plusieurs mois que la cour est déchirée en factions concurrentes et que l'émir peine à faire respecter son autorité. Derrière les éternelles rivalités familiales et les inévitables différends financiers, de véritables divergences politiques se font jour. Les uns reprochent à Cheikh Hamad une diplomatie brouillonne. Les autres, la transformation de leur pays à marche forcée. Ils supportent de moins en moins l'image de modernité que veut se donner l'émirat. Elle leur paraît incompatible avec les traditions auxquelles ils sont attachés. Et surtout, contradictoire avec leurs intérêts. Leur principal sujet d'irritation, ce sont les velléités de réformes de la seconde épouse de l'émir, Cheikha Mozah. Qu'elle défende la cause de l'enfance et obtienne le remplacement des enfants jockeys par des robots dans les courses de chameaux, soit. Qu'elle se laisse volontiers photographier et qu'elle ne porte le voile que très négligemment, passe encore. Mais qu'elle se mêle de réclamer davantage de justice et de liberté, c'en est vraiment trop. L'éphémère expérience du Centre de Doha pour la liberté d'information a été le catalyseur de cette exaspération. Et a sans doute contribué à motiver la tentative de putsch de cet été 2009. Quelques jours plus tard, un journaliste de *L'Express* nous a téléphoné pour nous informer que, selon les services de renseignements français, nous étions devenus les ennemis jurés du groupe de conservateurs, proches de l'Iran et à l'origine de la rébellion.

Le coup a échoué, de peu. Une trentaine d'officiers supérieurs de l'armée qatarienne, qui ne compte que onze mille hommes, auraient été mis aux arrêts et plusieurs membres de la famille régnante placés en résidence surveillée. Mais le cerveau présumé de la rebuffade, le Premier ministre et ministre des Affaires étrangères, Cheikh

Hamad bin Jassim bin Jaber al-Thani, n'a même pas eu besoin de démissionner. L'émir, son cousin, s'est empressé de passer l'éponge, après avoir considéré tous les dossiers sensibles dont il avait connaissance, ses prises de participation dans l'ensemble des secteurs de l'économie qatarienne qui font de lui un des hommes les plus riches du pays, son influence considérable auprès des autres membres de la famille régnante et, accessoirement, ses talents avérés à conduire la diplomatie parfois acrobatique de l'émirat. Autant de raisons empêchant l'émir de congédier son encombrant Premier ministre.

La population totale du Qatar s'élevait officiellement à 1 623 724 habitants au 31 août 2009, selon les chiffres publiés par l'Institut des statistiques de l'émirat. Mais les Qatariens en représentent moins de 15 % : à peine 80 000 si l'on ne compte que les citoyens majeurs. L'émirat est donc, en réalité, un gros village composé d'une poignée de tribus, celle des al-Thani étant, de loin, la plus nombreuse : 40 % de la population qatarienne en fait partie. Descendante de la tribu wahhabite des Bani Tamim, elle est arrivée au Qatar au début du XVIIIe siècle et s'est installée à Zubara, à l'ouest, avant de migrer à Doha, capitale actuelle, au milieu du XIXe.

Avant de devenir un État indépendant, il y a moins de quarante ans, la petite péninsule du Qatar a été successivement dominée par les Perses, les Portugais, les Ottomans, les Bahreinis et, finalement, les Britanniques. Dans le même temps, les tribus nomades de la région se sont combattues pour le contrôle des terres jusqu'au XIXe siècle, époque où le Royaume-Uni décida d'intervenir pour régler un conflit entre la famille Al Khalifa du Bahreïn et les Qatariens rebelles à son autorité. L'homme choisi par les Britanniques pour négocier les modalités d'un arrangement diplomatique était un entrepreneur respecté, résidant de longue date à Doha, Muhammed bin Thani. La famille al-Thani ne lâchera plus jamais les rênes du Qatar.

Pourtant, depuis l'indépendance de l'émirat en 1971, deux coups d'État ont eu lieu. Un al-Thani en a toujours renversé un autre. L'émir précédent était le père de Cheikh Hamad, Cheikh Khalifa bin Hamad al-Thani. Lui-même s'est emparé du pouvoir en renversant son cousin, Cheikh Ahmad ibn Ali, quelques mois après l'indépendance. Pendant les premières années de son règne, Cheikh Khalifa a considérablement modernisé l'économie et les infrastructures du pays. Après quoi, il s'est mis à passer de plus en plus de temps à l'étranger, notamment sur la Côte d'Azur, et à confondre de plus en plus les caisses de l'État avec ses deniers personnels. Certains parlent de vingt-cinq milliards de dollars, passés des coffres du gouvernement à ses propres réserves. Hamad, l'émir actuel, est l'aine de ses cinq fils. Il étudie en Grande-Bretagne à l'académie militaire de Sandhurst et, à son retour au Qatar, en 1977, devient ministre de la Défense. En 1995, son père profite d'un bref séjour à Doha pour retirer à l'un de ses fils le titre de Premier ministre et en nommer un autre à la place. L'arbitraire de cette décision rappelle au prince héritier que ses prétentions au trône peuvent à tout moment souffrir des caprices d'un père dont, du reste, il approuve de moins en moins la politique et le style de vie. C'est en juin de cette année-là, alors que Cheikh Khalifa profite d'une de ses villas en Suisse, que son fils s'autoproclame émir, avec l'aide du ministre des Affaires étrangères, Cheikh Hamad bin Jassim bin Jaber al-Thani – déjà lui, nommé à ce poste en 1992. La légende prétend que l'émir déchu a appris la nouvelle en écoutant la radio. Aujourd'hui, c'est probablement en regardant Al Jazeera que Cheikh Hamad serait informé de son infortune si pareille mésaventure lui arrivait.

La révolution a lieu en douceur, sans que la moindre goutte de sang ne soit versée. Mais, pendant des mois, l'émir dépossédé tente de récupérer son trône. Depuis son exil à l'hôtel Carlton de Cannes, il rallie à sa cause l'Arabie Saoudite et organise une tentative de contre-coup d'État en février 1996, planifiée notamment par le gendarme Paul Barril, patron de la cellule antiterroriste de l'Élysée sous François Mitterrand, devenu conseiller personnel pour la sécurité de Cheikh Khalifa. La manœuvre échoue et plus de cent personnes sont arrêtées, dont l'ancien ministre des

Finances[1]. Plusieurs des conjurés sont détenus au secret jusqu'à l'ouverture de leur procès en 2000 et certains affirment avoir été torturés afin de les contraindre à « avouer ». Dix-neuf des conspirateurs présumés sont condamnés à la réclusion à perpétuité en première instance. Le verdict est plus lourd encore en appel : peine capitale. La sentence n'a pourtant pas été exécutée et deux d'entre eux ont même été graciés. Les dix-sept autres demeurent toujours dans un couloir de la mort. Plusieurs milliers de Qatariens – la branche al-Ghufran de la tribu al-Murra – sont en outre déchus de leur nationalité et, pour la plupart, contraints de choisir entre exil et prison, en raison de leur implication supposée dans les événements de 1996. Quant au père de l'émir, débarqué du trône, il s'est depuis réconcilié avec son fils. Il est revenu vivre au Qatar en 2004.

Dès son accession au pouvoir, la plus grande ambition du nouvel émir est d'accroître la visibilité du Qatar sur la scène internationale. Alors que son père considérait plus conforme aux intérêts du pays de rester dans l'ombre politique et culturelle de ses grands voisins, Cheikh Hamad veut, lui, faire du Qatar, péninsule de onze mille kilomètres carrés seulement, un État « connu et remarqué ». Pour cela, il met largement à profit le pouvoir de séduc-

1. Cheikh Hamad bin Jassim bin Hamad al-Thani, condamné à mort, a bénéficié d'une grâce royale et a été libéré en septembre 2005.

tion de sa seconde épouse et dépense sans compter. Il lance la chaîne Al Jazeera, multiplie les sommets internationaux à Doha, et mise très gros sur le sport. « *Il est plus important d'être au Comité international olympique qu'à l'Onu* » dit-il parfois. Le plus grand dôme sportif du monde a été construit pour les Jeux asiatiques organisés à Doha en 2006. Avec vingt mille places assis, une piscine olympique, un terrain de football et un centre de formation, Aspire a coûté la bagatelle d'un milliard de dollars. Le pays s'est également porté candidat pour accueillir les Jeux olympiques de 2016. Sans succès, mais il tentera à nouveau sa chance pour 2020. Doha espère également organiser la Coupe du monde de football en 2022, dans des stades climatisés. Et pourquoi pas un prologue du Tour de France ! Il existe déjà un Tour du Qatar, dont l'un des directeurs de course est le champion Eddy Merckx et dont l'organisation a été confiée à Amaury Sport Organisation, la société du Tour de France. Pour séduire les patrons de notre grande boucle et accueillir le tant convoité prologue, les Qatariens ont présenté un projet de pistes cyclables couvertes et équipées de brumisateurs. Naturellement, l'épreuve serait disputée de nuit afin d'éviter la fournaise du mois de juillet. Doha accueille en outre un Grand Prix moto, le plus chaud de l'année, et l'Open de Doha, tournoi de tennis richement doté qui attire les plus grands joueurs internationaux. Le championnat de football est également une fierté nationale. Et la sélection nationale, entrainée par un Français, Bruno Metsu, est passée près d'une qualification pour la Coupe du monde 2010. Les clubs qatariens recrutent à prix d'or les gloires un peu fanées des stades du monde entier. En 2009, Al Gharrafa Doha s'est ainsi offert Juninho, le joueur brésilien, sept fois champion de France avec l'Olympique Lyonnais. Selon des sources proches du club, le milieu offensif aurait empoché deux millions et demi d'euros pour un contrat de deux ans. L'équipe nationale du Qatar a même remporté une médaille d'or aux championnats du monde d'athlétisme de Paris d'août 2003, grâce à un ex-Kenyan, Stephen Cherono, naturalisé qatarien et rebaptisé Saif Said Shaheen en échange d'un salaire à vie.

En matière de démocratie, en revanche, il serait exagéré de dire que Cheikh Hamad a profondément réformé son pays. Il n'avait peut-être d'ailleurs pas à cœur de le faire. Ainsi, en avril 2007, le Premier ministre fixait lui-même les limites des « réformes démocratiques » : « *Cela implique que la minorité accepte l'opinion de la majorité* [et] *que l'opinion du citoyen ne soit pas motivée de façon subjective.* [...] *Dans le monde global dans lequel nous vivons, il est important que tous les citoyens relèvent le défi de la modernité afin de pouvoir faire évoluer la société. Il est évident que la modernité ne doit pas être séparée des valeurs de notre culture.* [...] *Il est primordial également que le citoyen exerce sa liberté d'expression avec respect afin que, dans la recherche de la vérité, l'objectif soit de servir l'intérêt public.* » Intéressante définition de la démocratie !

En pratique, quelques changements sont tout de même intervenus avec l'accession au trône de l'actuel émir. Depuis 1999, un conseil municipal est élu et renouvelé tous les quatre ans. Dans les faits, cette assemblée de vingt-neuf personnes se limite peu ou prou à fixer le montant des contraventions pour infraction au code de la route. En 2003, la nouvelle constitution, adoptée par référendum à 96,6 % – sur 71 000 votants – a officiellement accordé aux femmes le droit de vote et institué un conseil consultatif – Majlis Al-Choura – dont les deux tiers des membres sont élus au suffrage universel direct et le tiers restant nommé par l'émir. Comme son nom l'indique, cette instance n'a qu'un rôle consultatif, même si elle est théoriquement chargée de voter le budget. Les membres du Majlis Al-Choura peuvent également élaborer des propositions de loi, qui restent cependant soumises à l'approbation de l'émir. Surtout, cette constitution n'autorise pas la formation de partis politiques et elle rappelle expressément que le pouvoir se transmet au sein de la famille al-Thani. D'une manière ou d'une autre.

II

À COUTEAUX TIRÉS

« *On ne parle pas comme ça à Son Altesse.* » J'aurais dû me méfier[1]. Ou, du moins, porter attention à cette remarque. Novembre 2007 : je sors d'un entretien avec Cheikha Mozah. Son directeur de cabinet, totalement absent durant la discussion de près d'une heure, n'est pas content. Ce grand falot me reproche d'avoir donné à Son Altesse du « Madame », formule un peu trop familière à ses yeux. Un crime de lèse-majesté. Bref, il est de sale humeur. « *N'attendez pas de réponse avant plusieurs mois.* » Un autre conseiller, marocain celui-là, assène : « *Une chance sur deux que Son Altesse donne suite.* » Deux formules de politesse et nous voilà sur le perron du bâtiment central de la Qatar Fondation. Je viens de parcourir les quelques milliers de kilomètres entre Paris et Doha. Pour rien ?

Les choses ont commencé bien plus mal encore. En arrivant, une des secrétaires de cette très belle femme que

1. NdE : l'usage de la première personne dans cet ouvrage fait référence à Robert Ménard.

beaucoup de Français ont découverte un 14 juillet sur les Champs-Élysées – tout de vert vêtue en 2008 au côté de Carla, en rouge l'année précédente, avec Cécilia – m'a expliqué que je n'avais que dix minutes. « *Son Altesse a un planning très chargé.* » Quand même ! Dix minutes donc pour convaincre la deuxième épouse de l'émir du Qatar – mais sa préférée et la seule que l'on voit en public – de créer une structure pour venir en aide aux journalistes persécutés dans la région. Il va falloir aller à l'essentiel. L'émouvoir, en prenant bien soin de ne pas apparaître comme un énième quémandeur.

L'entretien dure finalement bien plus longtemps que prévu. Je lui parle de l'Irak, des journalistes tués, des familles endeuillées, sans un sou, de cette solidarité arabe dont on nous rebat les oreilles ici au Moyen-Orient, qui fait tellement bon effet aux tribunes des innombrables colloques, séminaires, symposiums dont le Golfe s'est fait une spécialité, mais que l'on ne voit jamais, ou presque, à l'œuvre quand il s'agit d'aider concrètement les victimes. Elle écoute, attentive. Me pose des questions. Parle politique. Pas du tout genre pièces jaunes ou dîner de charité. Elle rêve de rencontres entre un Occident qui l'attire – l'Europe et les États-Unis restent les destinations de prédilection des têtes couronnées du Moyen-Orient si l'on en juge par le nombre d'hôtels particuliers qu'ils y achètent – et un monde musulman qu'elle voudrait plus respecté dans ses valeurs, dans sa singularité. Elle rit aussi, séduisante. Le voile est léger, très léger. Comme une obligation à laquelle on doit se soumettre, sans plus.

Déjà on peut entrapercevoir les manœuvres, les coups bas, les rivalités dans l'entourage. C'est à qui se prosternera le plus profondément, se montrera le plus mielleux. Il faut dire que rester dans l'ombre du pouvoir, être au plus proche de la famille régnante n'est pas sans intérêt. Haut salaire bien sûr, mais aussi possibilité de servir de prête-nom aux sociétés étrangères qui ont besoin de Qatariens pour faire des affaires. Tout le monde d'ailleurs y trouve son compte. Et c'est peut-être de là que naîtra le malentendu entre nous. Comment concevoir que des Occidentaux viennent ici pour autre chose que pour faire du business, pour gagner de l'argent ? C'est le cas de la quasi-totalité des expatriés.

Avec Reporters sans frontières, je suis alors en pleine campagne sur les Jeux olympiques de Pékin, même si les médias ne se sont pas encore emparés de la question du boycott de la cérémonie d'ouverture. Les émeutes au Tibet n'ont pas encore eu lieu. Nous n'avons pas encore troublé la cérémonie d'allumage de la flamme. Pourtant, déjà, on nous a expulsés de la capitale chinoise où nous avons tenu, au début du mois d'août, à un an du début des Jeux, une conférence de presse sauvage, au pied de l'immeuble du Comité chinois d'organisation des JO. Les journalistes présents ont été brièvement interpellés. Nous avons réussi à échapper aux forces de l'ordre après avoir brandi des affiches avec les désormais fameux anneaux olympiques remplacés par des menottes. Pour seulement quelques heures : au milieu de la nuit, la police a fait irruption dans nos chambres d'hôtel. Devant notre refus de signer des dépositions dont nous ne comprenions pas un traître mot, nous avons été renvoyés *manu militari* par le premier vol du matin en direction de Paris. Mais tout cela n'a pas fait grand bruit. À Doha, il n'est pas sûr que ce soit arrivé jusqu'aux oreilles de Cheikha Mozah.

Vingt ans à la tête de RSF, et autant d'années à entendre que ces droits de l'homme dont nous nous sommes fait une « religion », ne sont en réalité qu'une invention de l'Occident, le paravent des visées dominatrices de nos États. Et de nous jeter à la figure les spécificités historiques, culturelles, religieuses de chacun. Autant d'arguments qui expliqueraient – pardonneraient même, chez les plus conciliants – le « retard » pris en matière de respect des libertés.

Si je sais la part de vérité de ces raisonnements – on confond trop souvent, dans les rangs des ONG, défense de valeurs universelles et plaidoyer pour certaines formes de démocratie –, je connais aussi l'usage qu'en font les filous qui gouvernent bien des pays, notamment pour justifier les manquements aux engagements pris devant la communauté internationale, les exactions, les crimes commis. En Chine comme à Cuba ou en Syrie, il y aurait toujours de bonnes raisons pour piétiner les libertés et jeter en prison des hommes et des femmes coupables de vouloir informer. On peut sans doute discuter de l'universalité des textes comme la Déclaration des droits de l'homme, estimer qu'ils défendent une vision occidentale du monde. Les différences culturelles existent et je ne les nie pas. Elles ne justifient jamais qu'on interdise à l'autre de parler. Et je serai toujours et partout dans le camp de ceux qu'on veut faire taire, que ce soit au nom d'une idéologie, de la religion ou, le plus souvent, seulement pour garder le pouvoir.

Il est vrai que l'intervention en Irak ou le « deux poids-deux mesures » qui caractérise l'attitude de bon nombre de pays occidentaux dans leur approche du conflit israélo-palestinien n'aident pas à clarifier la question. Ils sont largement utilisés pour discréditer l'idée même de démocratie, de défense des libertés. Et repris en chœur par ce qu'on appelle « la rue arabe ».

C'est pour cela aussi que je suis dans le bureau de Cheikha Mozah. L'idée de construire ici, dans un pays arabe, une organisation qui défende les mêmes valeurs, avec la même intransigeance que nos associations basées en Europe ou en Amérique du Nord, serait une véritable révolution. Non pas qu'on manque d'organisations de défense de la liberté de la presse – et, plus généralement, des droits de l'homme – dans le monde arabe. On en compte pléthore. Mais combien sont crédibles ? Sans parler de cette propension à critiquer l'extérieur, passant sous silence les problèmes du pays où elles sont installées. C'est le « syndrome Al Jazeera ». La chaîne satellitaire basée à Doha est d'une rare impertinence. Une révolution dans cette partie du monde où radios comme télévisions sont, presque toujours soigneusement contrôlées par les pouvoirs en place. Pourtant, cette audace a une limite : jamais un mot sur ce qui se passe au Qatar. Sauf, bien entendu, lorsqu'il s'agit de saluer les initiatives de la diplomatie qatarienne, les réalisations de l'émirat ou les bonnes œuvres de la première dame. Les faiblesses du Qatar sont absentes des écrans de la plus importante des chaînes du monde arabe.

Tout cela, je le savais en entrant dans le bureau de Cheikha Mozah. Pourquoi, alors, tenter le diable et prendre le risque de travailler dans un pays où la liberté de la presse est un leurre ? Fascination pour cette femme décidée à faire avancer son pays coûte que coûte ? Goût des paris difficiles ? Intérêt pour ces pays arabes où je suis né et qui me semblent basculer dans un repli religieux et identitaire lourd de menaces pour eux comme pour nous ? Certainement un peu de tout cela. Je joue cartes sur table, Cheikha Mozah aussi. Nous allons travailler ensemble mais le rôle de chacun est bien défini. De notre côté, nous dirons ce que nous avons à dire. Sans détour ni précaution. Y compris sur le Qatar. Je demande à notre princesse de financer le futur Centre et de s'engager à ce que les conditions de travail des journalistes qatariens changent. Je lui parle de la loi sur la presse – une des plus rétrogrades du Golfe – et lui rappelle que son pays n'a ni signé ni ratifié le Pacte des Nations unies sur les droits de l'homme. Elle répond – et le répètera à maintes reprises – qu'elle est d'accord avec moi. Je la crois.

Le Centre que nous voulons mettre sur pied aura plusieurs objectifs. Accueillir pour quelques mois des journalistes en danger dans leur pays, le temps de leur trouver un asile à plus long terme. Soutenir financièrement les professionnels et les médias persécutés. Tenter de rapprocher les points de vue des journalistes occidentaux et du monde arabe, ou, du moins, faire en sorte qu'ils s'écoutent. Enfin, construire un mémorial : plus de deux mille journalistes ont été tués dans le monde depuis la fin de la Seconde Guerre mondiale.

L'entretien se termine. Un point encore, précise-t-elle : « *Je ne veux pas que le futur Centre se consacre uniquement au monde arabe. Quand vous avez créé RSF,* ajoute-t-elle, *bien qu'installés en France, vous ne vous êtes pas intéressés qu'à l'Europe. Alors pourquoi, de Doha, ne pourrions-nous pas regarder au-delà des pays d'islam ?* » Elle a raison. Encore un de mes vieux réflexes d'Occidental. Cette femme n'est pas une démocrate. Mais peut-être bien un despote éclairé. Nous nous serrons la main. Les conseillers suivent. Et m'interpellent sur ma façon un peu désinvolte de m'adresser à « Son Altesse ». Je n'y ai pas attaché d'importance, ne voyant que des courtisans soucieux de défendre leur pré carré. J'ai eu tort. Mais, pour l'heure, tout semble marcher à merveille, je n'aurai pas à attendre : deux jours plus tard, l'un d'entre eux me rappelle. « *Son Altesse l'émir a donné son accord. Quand revenez-vous ?* » Tout est allé très vite. Trop vite ? Dans le sérail, on nous sourit. Mais les couteaux sont tirés.

III

SECONDE ÉPOUSE, PREMIÈRE DAME

Belle et intelligente, Cheikha Mozah passe pour l'inspiratrice de la politique de réforme engagée par son mari. En 2007, le magazine *Forbes* la classait parmi les cent femmes les plus influentes du monde et *The Times* parmi les vingt-cinq femmes les plus puissantes du Moyen-Orient. C'est aussi, avec l'épouse de l'émir de Dubaï, la seule princesse du Golfe à se montrer en public. Photogénique, Cheikha Mozah Bint Nasser Al-Missned porte le foulard comme un accessoire de mode davantage que comme un signe religieux, et laisse souvent dépasser quelques mèches. Cette mère de sept enfants cumule responsabilités et postes officiels : présidente du Conseil suprême pour les affaires familiales, vice-présidente du Conseil suprême pour l'éducation, ambassadrice de l'Unesco pour l'enseignement et l'éducation de base. Elle dirige surtout la puissante Fondation du Qatar qui emploie mille huit cents fonctionnaires, dont seulement un quart de Qatariens. Cette organisation a vu le jour en 1996, peu après le coup d'État qui a porté l'émir au pouvoir. Objectif : *« Promouvoir la société qatarienne en développant ses fondements qui sont l'éducation, les sciences, les technologies et en opérant un saut qualitatif dans le domaine de la promotion sociale de la femme, de la famille et de la culture.* » Cheikha Mozah place l'éducation au cœur de ses priorités. Parmi les réalisations les plus impressionnantes de la Fondation, la Cité de l'Éducation, campus de mille deux cents hectares à Doha où sont installés plusieurs établissements d'enseignement supérieur de niveau international. Le Qatar n'a d'ailleurs pas lésiné sur les moyens pour convaincre quelques-unes des meilleures universités américaines de venir s'installer ici. L'Université Texas A & M offre des programmes de licence en ingénierie et des installations de recherche ; l'école de médecine Weill Cornell du Qatar assure une formation complète pour les médecins, de même que des possibilités de recherche ; l'École des beaux-arts de l'Université de Virginia Commonwealth offre une licence de beaux-arts en *design* ; l'Université de Carnegie Mellon propose des programmes de premier et deuxième cycles en informatique et commerce ; la Georgetown University School of Foreign Service forme aux sciences politiques internationales ; l'Université Northwestern a installé une filiale de sa célèbre école de journalisme.

Plusieurs bâtiments sont encore en construction mais ceux qui sont sortis de terre, ou plus exactement du sable, ont tous une architecture futuriste et disposent des équipements les plus modernes. L'un des responsables de la Northwestern était très fier de nous expliquer que le hall de son bâtiment abriterait bientôt le plus grand écran au monde.

La Fondation est aussi présente dans la production audiovisuelle depuis 2004, avec les *Doha Debates* animés par le journaliste britannique Tim Sebastian et diffusés sur BBC World News. En 2005, la Fondation a créé Al Jazeera Children, chaîne entièrement consacrée aux programmes pour la jeunesse, dont le budget annuel dépasse les quarante millions d'euros et dont la mise en œuvre a été confiée à Lagardère. C'est également une filiale du groupe français qui a été chargée de réaliser, en 2009, une série d'émissions de télé-réalité sur l'innovation, *Stars of Science*, diffusées sur dix-sept chaînes arabophones publiques et privées. Seize étudiants originaires de onze pays différents, sélectionnés parmi plus de cinq mille candidats, devaient s'affronter au sein d'un atelier-studio situé à Doha. La Fondation s'est également lancée en 2009 dans la production cinématographique en participant au financement d'un film long-métrage en langue anglaise, intitulé *Rumi The Fire of Love*, sur la vie du célèbre poète et philosophe d'origine afghane Maulana Jalaluddin Rumi (XIIIe siècle). Quelques grandes vedettes hollywoodiennes comme Al Pacino et Daniel Day-Lewis figurent au générique. Le budget de la Fondation n'est pas officiellement connu. Mais on obtient un ordre de grandeur quand on sait que son investissement dans le futur centre de recherche médicale, le Sidra Medical and Research Center, qui devrait ouvrir en 2011, s'élève à près de huit milliards de dollars !

Le rôle de Cheikha Mozah dépasse donc largement celui d'une First Lady traditionnelle. C'est en grande partie grâce à elle que l'émirat a connu un réel mouvement d'émancipation féminine. Aujourd'hui, les femmes occupent des postes visibles dans la fonction publique, elles ont le droit de voter et même d'être candidates aux élections du conseil municipal, dont le rôle, il est vrai, reste avant tout symbolique. Au Salon des métiers, organisé en 2009 à Doha, le nombre de femmes postulant à des offres d'emploi était supérieur à celui des hommes. Contrairement aux Saoudiennes, les femmes du Qatar sont autorisées à conduire et beaucoup le font, sans d'ailleurs, pour certaines, enlever le voile qui leur couvre partiellement ou totalement le visage, ce qui n'arrange sans doute pas les statistiques nationales en matière de sécurité routière. Aucune obligation vestimentaire ne s'impose théoriquement aux Qatariennes, même si quasiment toutes, en réalité, portent l'abaya ou se couvrent au moins les cheveux. En juillet 2009, le journal *Peninsula* consacrait d'ailleurs sa chronique religieuse aux dix arguments à réfuter quand une femme refuse de porter le « hijab ».

On croise à Doha une grande diversité de voiles. Le « hijab », le plus courant, est une sorte de foulard de couleur noire dont la fonction est de dissimuler les cheveux. Il peut se montrer plus ou moins strict, laisser apparaître quelques mèches et parfois envelopper de fausses coiffes qui créent l'illusion d'un chignon gigantesque sous l'étoffe. Certaines femmes, plus âgées, portent l'« abaya raas », robe traditionnelle taillée de telle sorte que la même étoffe recouvre tête, épaules et reste du corps. Il est fréquent aussi de voir porter le « niqab », un voile masquant la plus grande partie du visage et ne laissant apercevoir que les yeux, quelquefois maquillés de manière extravagante. Certaines ajoutent au niqab une deuxième protection, un voile plus léger couvrant entièrement la tête. Enfin, quelques-unes arborent diverses sortes de masques en cuir, parfois grillagés, cachant la partie inférieure du visage. Le choix de l'un ou l'autre de ces accessoires est naturellement fonction des croyances religieuses de l'intéressée ou de son époux. Si la plupart des experts musulmans considèrent que le visage, les mains et les pieds de la femme ne sont pas parmi les zones de pudeur imposées aux femmes par le Coran, d'autres estiment en revanche que le port du voile facial est une prescription religieuse. On le voit, les nuances sont nombreuses. Est-ce donc par ignorance ou malveillance que dans le débat instruit en France les uns et les autres utilisent le terme générique et impropre de « burqa » ?

Pour un œil occidental mal renseigné ou de mauvaise foi, toutes les abayas se ressemblent. En fait, elles se portent de multiples façons. Les femmes les plus modestes se contentent d'une version basique en polyester, les coquettes adoptent l'abaya dite « française », légèrement resserrée à la taille et qui souligne davantage la silhouette. Les plus fortunées choisissent des modèles brodés de fleurs, de papillons ou de dragons. Et certains magasins de luxe, à Doha, proposent des abayas signées Tom Ford, Jil Sander ou Nina Ricci. Depuis quelque temps, tous les plus grands noms de la mode internationale s'intéressent à ce marché particulier. En juin 2009, un spectaculaire défilé a d'ailleurs été organisé à Paris, dans les salons de l'hôtel George V, où même le Britannique John Galliano a présenté sa version revue et corrigée de l'abaya, ornée de strass et de paillettes, tandis que le Français Jean-Claude Jitrois évoquait dans une interview l'abaya « *en mouvement dans un corps qui bouge et qui, à un moment donné, va de toute façon se dénuder* ». Outre le style même de l'abaya, les riches Qatariennes jouent volontiers de la chaussure ou du sac à main pour se distinguer.

Autre engouement que laisse peu présager l'uniforme noir : la lingerie. Les grandes marques du secteur sont toutes représentées dans les centres commerciaux où elles réalisent des affaires considérables. Sous l'abaya, dentelles et autres surprises. Une Britannique, installée au Qatar depuis plusieurs années et qui a même obtenu la nationalité du pays, raconte cette anecdote amusante : lors de sa première année à Doha, elle voit un jour entrer dans les toilettes d'un restaurant une Qatarienne vêtue de l'abaya raas et portant le niqab. Elle est stupéfaite, lorsque la jeune femme enlève sa tenue pour se rafraîchir, de découvrir cheveux teints en blond, jean serré et bottines à talons aiguilles.

Relativement émancipée, la femme qatarienne n'est pas encore l'égale de l'homme. Les femmes qui épousent des étrangers sont privées de tous les avantages dont bénéficient les jeunes couples qatariens. Et ne peuvent, en aucun cas, transmettre la nationalité qatarienne à leurs enfants. En 2009, à la suite d'un accident de voiture provoqué par un motard et dans lequel un couple et ses deux enfants avait été tués, la cour d'appel a jugé que le « prix du sang » à payer pour la mort de la femme et de sa fille devait être fixé à la moitié de la somme versée pour la mort de l'époux et du fils... Le Qatar reste donc, malgré tout, un État puritain où la femme doit rester à sa place. Dans chacun des entretiens qu'elle accorde, Cheikha Mozah met d'ailleurs en avant le rôle de son époux et use du « nous » de préférence au « je ». Elle parle de son mari comme de son inspirateur. « *J'ai passé plus de temps auprès de lui qu'aux côtés de mes parents* » a-t-elle un jour glissé lors d'une interview.

Mozah est née en 1959 à Al Khor, une petite ville construite autour de son port de pêche, célèbre aujourd'hui pour son club de football, entraîné par le Français Bernard Marchand, un ancien joueur du Stade Rennais. À l'âge de cinq ans, Mozah a vu son père jeté en prison après avoir proposé à l'émir de l'époque, Cheikh Ahmad ibn Ali al-Thani, une série de réformes politiques et sociales. La famille, bannie, trouve refuge au Koweït. Et ce n'est qu'en 1977 que la brouille avec le clan des al-Thani se règle dans la plus pure tradition bédouine : un compromis matrimonial. Hamad, fils aîné de l'émir Khalifa, prendra pour épouse Mozah, fille de Nasser bin Abdullah Al-Missned, âgée de dix-huit ans. La mariée, qui garde une rancune tenace envers sa belle-famille, n'a, paraît-il, pas ouvert la bouche le soir de la cérémonie. Elle a poursuivi ses études à l'Université du Qatar, obtenu son diplôme en sociologie en 1986. On dit qu'elle a largement contribué à convaincre son mari, le prince héritier, de s'emparer du pouvoir en 1995. Et son influence dans la vie publique est devenue encore plus palpable l'année suivante lorsque son époux décide de modifier l'ordre de succession au trône et d'écarter son fils aine, Mish'al, né de sa première épouse et cousine, au profit de Jassem, le premier fils de Cheikha Mozah. On raconte que l'ambitieuse seconde épouse a alimenté la rumeur de liaisons dangereuses entre le prince Mish'al et le terroriste saoudien Oussama Ben Laden.

Tombé en disgrâce, Mish'al fut même placé quelque temps en résidence surveillée.

Pourtant, le titre de prince héritier change à nouveau de mains en 2003. Jassem aurait irrité son père en revendiquant davantage de pouvoir et d'autonomie. Cheikh Hamad désigne alors un autre fils de sa seconde épouse, Tameem. Aujourd'hui âgé de vingt-neuf ans, le prince héritier a, comme son père, fait ses classes à l'académie militaire britannique de Sandhurst. Il milite d'ailleurs activement pour torpiller le projet d'ouverture d'une antenne de Saint-Cyr à Doha. Avec succès, semble-t-il, puisque le mémorandum d'accord signé en 2007 est, à ce jour encore, resté lettre morte[1]. L'inauguration prévue en 2011 a manifestement du plomb dans l'aile. Et le prince, soutenu par le chef d'état-major, peut donc espérer voir Sandhurst finalement choisie pour former l'élite de l'armée qatarienne. C'est une particularité du pays : les engagements les plus officiels, même ceux portant la signature de l'émir, ne valent rien tant que les rivalités de palais ne sont pas réglées.

Plus discret que son frère aîné, Tameem a cependant défrayé la chronique, en 2005. Et a bien failli y laisser sa couronne et sa tête. Il s'était fait repérer au Gay, une boîte

1. En septembre 2007, les trois partenaires (ministère français de la Défense, Fondation du Qatar et Forces armées qatariennes) ont signé une lettre d'intention concrétisant le projet et fixant à septembre 2009 l'ouverture d'une première année des classes préparatoires.

de nuit homosexuelle de Londres. Les journaux britanniques avaient rapporté que « *le prince avait été impliqué dans une bagarre avec son partenaire anglais, ainsi que deux autres Qatariens. Ils n'ont pas été inculpés mais se sont vu interdire de fréquenter l'établissement pendant un mois* ». L'affaire fit évidemment grand bruit au Qatar mais le scandale finit par se tasser et, en mars 2009, le prince héritier a gentiment épousé une seconde femme. On dit, ici et là, que ses rapports avec l'émir, son père, ne sont pas aussi idylliques que le palais voudrait le faire croire. Tameem serait pressé de prendre la succession de son père. Trop pressé au goût de ce dernier. Et de sa mère aussi.

Pour bien mesurer l'influence de Cheikha Mozah sur son mari, rien ne vaut de les observer quand ils sont ensemble. Ce que j'ai pu faire, longuement, au dîner organisé le soir de notre premier conseil d'administration. Nous sommes une petite quinzaine à nous retrouver au restaurant Al Dana de l'hôtel Sharq. Cheikha Mozah a décidé du lieu. C'est aussi elle qui a obtenu que l'émir soit présent. Ils sont ponctuels. Le service d'ordre semble réduit au minimum, mais il est vrai que la salle à manger ne compte pas un seul client : ils ont été priés d'aller voir ailleurs et remplacés par des gardes du corps. Me voilà assis en face de notre princesse, entre sa fille, Hind, qui est aussi le chef de cabinet de son père, et l'Indien Shashi Tharoor, candidat malheureux au poste de secrétaire général des Nations unies, battu, on s'en souvient, par le Coréen Ban Ki-moon. À gauche de Cheikha Mozah, son mari défait rapidement le bouton de son col. À l'aise, décontracté, il plaisante, apostrophe, moque ses proches toujours très obséquieux, allume un cigare.

Nous passons deux heures agréables. L'émir n'est pas pressé de quitter la table. La conversation roule, pour l'essentiel, sur la situation politique internationale et, bien sûr, le Moyen-Orient. Cheikh Hamad bin Khalifa Al-Thani, tout en rondeurs apparentes, a des positions plus tranchées qu'on l'imaginerait. Son épouse acquiesce, complète, précise. Pas de doute, ses avis sont écoutés. On est loin, très loin, de la femme potiche. Les regards ne trompent pas : son mari est sous le charme. Il se permet des sourires, des frôlements de mains qui en disent long sur ses sentiments. Fier d'avoir à ses côtés une femme aussi belle, et soucieux de ses approbations. Sous influence, comme le laissent entendre ses ennemis dans la grande famille des Al-Thani ? Difficile à dire. Mais que l'action de Cheikha Mozah ne se cantonne pas à son périmètre officiel – bonnes œuvres, éducation, condition féminine... – ne fait aucun doute. Au point d'agacer un Premier ministre qui n'est pas loin de la détester. Au point également d'indisposer les plus rétrogrades – y compris dans son entourage immédiat – qui s'offusquent de la voir voyager seule, décider seule, trancher en toute indépendance. Ce soir-là, elle est rayonnante. C'est elle qui attire les regards. Si le Qatar diffère des autres monarchies du Golfe, il le doit en grande partie à cette femme et à son ascendant sur son mari. Ses détracteurs en sont convaincus. Ils le disent à l'abri des murs de leurs très confortables demeures. On le murmure dans les diwans, ces réunions qui permettent de se retrouver à tour de rôle chez les uns et les autres pour parler affaires, promotions et rumeurs. Pas sûr que Cheikha Mozah y soit très populaire. Elle dérange. Elle le sait. Mais tant que l'émir lui témoigne ces marques d'attention si rares dans le monde arabe entre un homme et une femme à ce niveau de pouvoir, elle est intouchable. À moins qu'elle ne soit le talon d'Achille de son époux. Ce défaut dans la carapace que les opposants pourraient être tentés d'utiliser pour le déstabiliser ? Manifestement, il l'aime. Jusqu'où peut-il aller pour lui plaire, quitte à brusquer les laudateurs de l'ordre ancien ? Elle est suffisamment intelligente pour deviner les limites à ne pas franchir. Si tant est que ce « gros ours » à l'allure débonnaire ait besoin qu'on le lui souffle. Fin politique, il est aussi un militaire qui maîtrise les rapports de force. Il l'a prouvé dans le passé. Au fond, un couple sûrement plus solide que ne veulent le croire les observateurs à l'intérieur et à l'extérieur de l'émirat.

Alors que nous en arrivons au dessert, Cheikha Mozah s'emploie à se moquer gentiment de sa fille. Réservée, rougissant d'un rien, elle porte une abaya plus stricte que sa mère. « *Mais demandez-lui comment elle s'habille dessous...* » s'amuse à me proposer celle-ci. Et la jeune femme de piquer un fard. Ces audaces, Cheikha Mozah en joue presque chaque fois que je la rencontre. Elle est sûre d'elle, de son charme. Elle sait se révéler aussi autoritaire : elle a humilié devant moi son chef de cabinet, ce qui en fera un de nos opposants tenaces.

Il est l'heure de se quitter. L'émir donne le signal. Chacun se salue sans cérémonie. « *À bientôt* » me lance Cheikha Mozah. Qui, dans la voiture qui les conduit chez eux, à plusieurs kilomètres de là, mène la conversation ? Je parierais sur elle.

IV

« PAS DE PAUVRES SOUS NOS FENÊTRES... »

Le Centre de Doha pour la liberté d'information est officiellement ouvert en avril 2008. Nous recevons du ministère du Trésor un premier virement d'un million et demi de dollars, budget suffisant pour démarrer et accorder les premières bourses d'assistance aux journalistes et aux médias en difficulté. Une petite équipe est rapidement mise en place et, pour gagner du temps, nous nous installons dans des locaux provisoires que nous partageons avec le Comité national des droits de l'homme. Dès notre arrivée, nous nous étonnons du nombre d'employés travaillant pour cette organisation. Une centaine, pratiquement tous qatariens. Il nous faut assez peu de temps pour réaliser qu'aucun ne s'épuise à la tâche. D'ailleurs, les bureaux sont tous vides à partir de treize heures. Déduction faite des pauses consacrées au café, préparé par des serveurs en tenue, et à la prière, annoncée par les haut-parleurs des téléphones, les journées sont courtes.

Le rôle de ce Comité, fondé en 2002 par un décret de l'émir, consiste officiellement à recueillir les plaintes des victimes de violations des droits de l'homme. Selon son dernier rapport d'activité, mille trente et un dossiers ont été déposés en 2008. Les deux tiers concernaient des travailleurs immigrés abusés par leurs employeurs ou *sponsors* : passeports confisqués, salaires non versés, conditions de travail inhumaines, logements insalubres et, selon les propres termes du rapport, « *un nombre alarmant d'abus contre les domestiques* ». Les femmes de ménage sont parfois soumises à des violences physiques ou sexuelles et contraintes à la prostitution si elles échouent à trouver un travail ou si leur « parrain » refuse de transférer leurs papiers. Jusqu'en 2009, le Qatar figurait en bonne place, aux côtés de l'Arabie Saoudite, la Birmanie, la Corée du Nord, l'Iran, le Koweït, la Papouasie-Nouvelle-Guinée et la Syrie, sur la liste noire des pays soupçonnés de trafic d'êtres humains, établie par le Département d'État américain. On trouve d'ailleurs également au Qatar une Fondation pour la lutte contre le trafic d'êtres humains, dont la directrice générale, Mariam al-Malki, reconnaît l'existence de nombreux cas d'abus et d'exploitation. « *Mais il faut distinguer*, ajoute-t-elle, *entre les pratiques individuelles et les efforts de l'État pour y mettre fin.* » Bref, le tableau n'est pas brillant. Cela n'empêche pas le président du Comité national des droits de l'homme, Ali Ben Smaikh al-Merri, d'assurer le plus sérieusement du monde, dans une interview à un quotidien du pays, qu'il n'y a « *aucun problème de droits de l'homme au Qatar* ». Provocation ou sottise ?

Pour beaucoup de Qatariens, le plus sûr moyen de se convaincre que les abus n'existent pas est de ne pas les voir. Nous le comprendrons grâce à Maryam al-Khater, la directrice adjointe qui nous a été imposée. Alors que nous visitons des locaux pour y installer les bureaux du Centre, notre choix se porte sur un immeuble assez simple au loyer encore raisonnable. L'argument est de poids dans une ville où les prix de l'immobilier ont flambé ces dernières années. Mais la directrice adjointe n'est pas de cet avis. Elle s'oppose au déménagement au motif que l'immeuble, situé dans un quartier populaire, nuirait à l'image du Centre. Elle ne supporte pas l'idée de « *voir les pauvres depuis la fenêtre de son bureau* ».

Nous n'avons sans doute pas suffisamment prêté attention aux « détails » de ce genre. Nous les avons mis sur le compte du décalage culturel, nous avons voulu nous convaincre que la volonté et la parole de Cheikha Mozah étaient des garanties suffisantes pour mener à bien notre mission. À Paris, on nous mettait pourtant en garde. Les uns assuraient que nous serions manipulés. Les autres ricanaient en affirmant que le Qatar s'était acheté une caution morale en nous proposant de venir à Doha. « *Ce pays est une blague* » nous dit un jour le journaliste

Bernard Guetta. À cette époque, nous étions encore convaincus que cela valait la peine d'essayer puisqu'on nous en offrait la possibilité. Certes, la Suède eût été un choix moins périlleux pour y installer une organisation internationale de défense de la liberté de la presse...

V

L'ÉMIR A DEUX AMOURS : SON PAYS ET PARIS

À leur mariage, les citoyens qatariens reçoivent une parcelle de terrain et peuvent prétendre à un prêt sans intérêt pour y faire construire leur maison. La tradition veut aussi que, chaque année, à l'occasion de la fête nationale, l'émir annule une partie des dettes de ses sujets. Ajoutez à cela la quasi-garantie d'un salaire à vie augmenté généralement de primes pour l'éducation des enfants, la voiture, l'ameublement ou même les activités sociales, l'absence totale d'impôt sur le revenu et la gratuité des soins ou leur prise en charge intégrale quand ils sont reçus à l'étranger. Naturellement, certaines familles reçoivent plus que d'autres, à commencer par celle de l'émir. Les milliers de membres de la tribu al-Thani jouissent, entre autres avantages, d'une rente mensuelle dès la naissance (plus élevée pour les garçons que pour les filles, bien évidemment). Globalement, aucun des deux cent mille citoyens n'est à plaindre financièrement. Selon le Fonds monétaire international, le pays a le plus important PIB par habitant au monde (cent dix mille sept cents dollars en 2008, étrangers compris, soit près de cinq fois plus que l'Arabie Saoudite[1]), devant le Luxembourg.

Jusque dans les années trente, l'économie du Qatar reposait exclusivement sur la pêche aux perles, d'où le nom donné à la luxueuse presqu'île artificielle en construction au large de Doha, The Pearl. Formée de deux arcs de cercle censés représenter un collier, elle se veut emblématique de l'ambition architecturale de l'émirat, avec ses résidences de standing, ses magasins de luxe, comme la boutique Hermès qui présente en vitrine un sac à un million de riyals (près de deux cent mille euros), ses deux marinas et ses canaux d'inspiration vénitienne. L'endroit est encore en chantier, les appartements sont vides pour la plupart, les restaurants déserts, mais partout, dans la capitale, d'immenses affiches vantent le charme de La Perle dont la construction doit s'achever en 2011. Pour réaliser cette folie, à trois cent cinquante mètres de la côte, il a fallu assécher quatre cent dix hectares en pleine mer et les remplir de seize millions de mètres cubes de terre. La United Development Company, à l'origine du projet, est la propriété d'Hussein Al Fardan, également bijoutier et grand collectionneur de perles, justement. Il en possède dix millions, certaines valant plus d'un million d'euros.

---

1. Estimation donnée par la Central Intelligence Agency (CIA). Le PIB du Qatar en 2008 s'est élevé à 102,3 milliards de dollars, en hausse de 600 % par rapport à 2000.

Mais la vraie richesse du Qatar, c'est désormais le gaz. Et précisément le North Field, six mille kilomètres carrés, la plus vaste réserve *offshore* de gaz naturel au monde, découverte dans les années soixante-dix, et qui assure aux Qatariens plus de deux siècles de revenus colossaux. On est loin de l'économie très artificielle de son voisin Dubaï, aujourd'hui en pleine déconfiture.

La majorité de la production de gaz est exportée sous forme liquide par méthaniers, dont le Qatar a entrepris de constituer sa propre flotte. Le pays est devenu, en 2006, le premier exportateur mondial de gaz naturel liquéfié – devant la Malaisie et l'Indonésie – et sa production devrait s'élever à soixante-dix-sept millions de tonnes à l'horizon de 2012, soit 30 % de la production mondiale. En 2009, l'émir a inauguré à Ras Laffan, à quatre-vingts kilomètres au nord de Doha, le plus grand complexe au monde pour la production de gaz liquide, fruit d'un partenariat « solide » avec le groupe français Total. Avec la même audace en matière d'investissements[1], le Qatar mise également sur le GTL, un carburant synthétique issu du gaz : Pearl, projet unique au monde, livrera ses premiers barils en 2011 et le Qatar pense être en mesure de produire au moins un million de tonnes de GTL par an à partir de 2012. Déjà, en octobre 2009, la compagnie aérienne Qatar

1. Selon Qatar Petroleum, associé dans ce projet avec Shell, le coût total des investissements s'élève à vingt-quatre milliards de dollars.

Airways a fait voler un appareil propulsé par du carburant GTL, entre Londres et Doha, avec des passagers à son bord. Cette dépendance à l'égard du gaz et, dans une moindre mesure, du pétrole, a incité les autorités qatariennes à encourager une diversification de l'économie et à soutenir un ambitieux programme d'industrialisation. Un important projet est notamment en cours dans le domaine de la production d'aluminium et l'extension du complexe de la Qatar Fertiliser Compagny fera de l'émirat, d'ici à 2011, le premier producteur et exportateur mondial de fertilisants chimiques.

Dans le secteur touristique, où les Qatariens placent également beaucoup d'espoir, un nouvel aéroport conçu pour accueillir cinquante millions de passagers par an doit voir le jour d'ici à 2012. Et la construction d'un pont-digue de quarante-trois kilomètres est en projet entre le Qatar et Bahreïn, pour une inauguration prévue en 2013. De nouveaux hôtels de luxe doivent également ouvrir prochainement. On reste tout de même sceptique sur le potentiel du pays en matière touristique. La température à Doha dépasse les quarante degrés une bonne partie de l'année. Les rares plages, privées, sont minuscules et font face au port de marchandises. Le Musée d'art islamique et l'excursion en 4 × 4 dans le désert sont à peu près les seules distractions offertes aux visiteurs. À moins d'une passion pour les centres commerciaux, pas de quoi passer ses vacances au Qatar.

L'objectif déclaré des autorités qatariennes est de ramener la part des hydrocarbures à un quart du produit intérieur brut dès 2015, contre près des deux tiers à l'heure actuelle. Pour y parvenir, l'émirat compte beaucoup sur les investissements réalisés à l'étranger par la Qatar Investment Authority (QIA). Le fonds souverain, créé en 2005 et présidé par le Premier ministre, possède déjà plus de soixante-dix milliards de dollars d'actifs. On est encore loin des huit cent soixante quinze milliards de dollars gérés par Abu Dhabi Investment Authority, mais le fonds souverain des Émirats Arabes Unis existe, lui, depuis plus de trente ans.

La QIA est particulièrement active en Europe. Elle a notamment acquis 20 % du London Stock Exchange en 2007. Et détient aussi 27 % de Sainsburrys, le géant britannique de la grande distribution, et 8 % de la Barclays. Elle possède, entre autres, des parts du groupe Lagardère, de Suez Environnement et des casinos de La Croisette à Cannes. Pour un milliard six cents millions d'euros, en 2008, elle a racheté 100 % de Cegelec, le groupe d'ingénierie électrique, avant de le céder, un an plus tard, contre une participation au capital de Vinci, le géant de la construction, auquel a d'ailleurs été confié le chantier du pont gigantesque entre l'émirat et Bahreïn. En 2009, Qatar Holding, qui dépend du fonds souverain, s'est aussi engagé à investir plus de sept milliards d'euros dans la fusion entre Porsche et Volkswagen. La part finale du Qatar pourrait atteindre 20 % dans le groupe. La Qatar Investment Authority a également négocié son introduction au capital de Prada. Mais c'est l'immobilier qui reste son secteur de prédilection et Paris son terrain de chasse favori. Une société dénommée Elypont SA et le cabinet Deloitte conseillent la famille régnante sur ses investissements dans la pierre française. L'émir et ses proches connaissent d'ailleurs très bien eux-mêmes le sujet. Le souverain est notamment propriétaire d'un luxueux duplex, rue de Rivoli, face au jardin des Tuileries, d'une résidence à Marnes-la-Coquette, dans l'ouest parisien, en lisière de forêt, et de la villa de Châteauneuf-Grasse, dans les Alpes-Maritimes. En 2003, Cheikh Hamad a aussi fait l'acquisition du splendide hôtel d'Évreux, place Vendôme, assorti de deux autres hôtels particuliers attenants. Prix estimé pour une surface de quarante-sept mille mètres carrés : deux cent cinquante millions d'euros, sans compter les travaux.

Il y a deux ans, le frère de l'émir a, de son côté, racheté le fameux hôtel Lambert, propriété du baron de Rothschild, pour quatre-vingt millions d'euros. Cet hôtel particulier du XVIIe siècle, œuvre de jeunesse de l'architecte Louis Le Vau, où vécurent notamment Chopin et Voltaire, est le plus beau joyau de l'île Saint-Louis. Le projet de rénovation a provoqué une vive polémique. Des célébrités comme Michèle Morgan, qui y a habité, des académiciens, des historiens, des architectes, et de simples particuliers amoureux du patrimoine s'en sont émus. Une pétition a recueilli huit mille signatures. La Pologne elle-même a fait part de sa préoccupation sur ce projet qui risquerait de gommer « *l'aspect polonais* » de l'hôtel ayant appartenu, de 1843 à 1975, à la famille princière des Czartoryski. C'est ensuite l'association Paris Historique qui a saisi le tribunal pour demander et obtenir la suspension de la décision du ministère de la Culture – dirigé à l'époque par Christine Albanel – d'autoriser les travaux de restauration. Au cœur des récriminations, quatre ascenseurs, une vingtaine de salles de bains, dont une dans le cabinet de Nicolas Lambert où le plafond est pourtant décoré de solives anciennes et, surtout, sous le jardin de l'hôtel, un parking pouvant accueillir cinq véhicules accessible par un ascenseur à voitures. L'ensemble des travaux, visés par l'architecte en chef des Monuments Historiques, Alain-Charles Perrot, devait s'élever à quarante millions d'euros et permettre, selon l'avocat du ministère de la Culture, de rendre le lieu « *habitable* ». « *C'est une famille nombreuse* » a précisé, le plus sérieusement du monde, maître Jean Barthélémy, lors d'une audience au tribunal administratif de Paris. L'avocat du propriétaire n'hésitant pas à affirmer qu'on s'en prenait à son client car « *il est étranger* ». Pour un peu, le frère de l'émir en appellerait à SOS Racisme !

Le maire de Paris est lui-même monté au créneau contre le massacre de l'hôtel Lambert. Pourtant, après une visite à Doha au début de l'année 2009, où il a été reçu en grande pompe par Son Altesse en personne, Bertrand Delanoë a finalement estimé que les travaux ne constituaient pas un obstacle. Nous avons encore en mémoire la réception donnée à l'ambassade de France à l'occasion de cette visite officielle, et du discours légèrement délirant où Bertrand Delanoë soulignait à quel point « *le Qatar avait réussi le pari de la modernité sans sacrifier ses riches traditions, issues d'une longue histoire...* » Quelles promesses l'émir avait-il bien pu faire au maire de Paris pour lui inspirer pareille envolée et, surtout, le faire renoncer à combattre le projet de son frère sur l'île Saint-Louis ? « *Des partenariats sont en cours d'élaboration* » a laconiquement annoncé Bertrand Delanoë en quittant Doha.

Le Qatar, à travers son fonds souverain, est également propriétaire de l'ancien Centre de conférences internationales de l'avenue Kléber, actuellement en cours de transformation en palace cinq étoiles, du Royal Monceau et d'un groupe d'immeubles situé entre l'avenue des Champs-Élysées et la rue de Ponthieu. Le rachat d'un vaste ensemble de bureaux entre Opéra et Madeleine, estimé à plus de trois cents millions d'euros, et un autre sur les Champs-Élysées pour cent soixante millions d'euros sont à l'étude. Fin 2005, l'émirat avait revendu l'immeuble abritant Fauchon et... Qatar Airways, place de la Madeleine, pour quarante-trois millions d'euros, soit un bénéfice de 30 % par rapport au prix d'achat. Le siège européen de la Qatar Investment Authority est installé à l'hôtel de Coislin, frère jumeau du Crillon, place de la Concorde à Paris, et propriété de l'émir où quatre salariés se partagent... trois mille six cents mètres carrés de locaux.

Si le Qatar investit autant dans l'immobilier parisien, ce n'est pas uniquement par amour des belles pierres. En janvier 2008, lors d'une visite officielle à Doha, Nicolas Sarkozy a signé une convention visant à « *améliorer l'attractivité de la France pour les investisseurs qatariens, notamment dans le secteur de l'immobilier* ». Ratifié par le Parlement en février 2009, le texte prévoit rien moins que l'exonération complète de l'impôt sur les plus-values immobilières pour tous les investissements réalisés dans l'hexagone par l'État du Qatar ou ses entités publiques, « *y compris ceux de la famille royale* ». Une niche fiscale sur mesure et un beau cadeau du président français à son ami l'émir. Un régime de faveur accordé en échange de juteux contrats pour nos industries.

La mission économique française à Doha peut se frotter les mains. Pas un mois ne se passe sans qu'une entreprise tricolore ne décroche un nouveau jackpot. Qatar Airways est l'un des meilleurs clients d'Airbus. La compagnie exploite déjà dix-neuf A320/A321 et elle en a commandé vingt-quatre de plus au salon du Bourget, en 2009. L'addition s'élève à près de deux milliards de dollars. Qatar Airways attend également quatre-vingts exemplaires du futur A350, un avion long-courrier mis au point par le constructeur européen et disponible en 2013. Le contrat, signé à l'Élysée en mai 2007, pèse seize milliards de dollars au prix catalogue. Enfin, la compagnie a commandé cinq exemplaires du gros porteur A380.

C'est l'entreprise Vinci, nous l'avons dit, qui doit construire le plus grand pont du monde, celui qui reliera Doha à Bahreïn. GDF Suez est chargé d'installer une centrale de désalinisation d'eau de mer en plein désert. En octobre 2009, Bouygues a remporté un contrat de construction octroyé par le groupe qatarien Barwa Real Estate et évalué à neuf cent seize millions d'euros. En 2008, le pôle Transmission et Distribution d'Areva s'est vu confier par la compagnie générale d'électricité et des eaux du Qatar, Kahramaa, le plus gros contrat de son histoire, d'un montant total de plus de cinq cents millions d'euros. La même année, EDF et l'État du Qatar ont signé un protocole d'accord garantissant au groupe français d'être associé aux réflexions de l'émirat sur le recours au nucléaire civil, ainsi que sur le développement des énergies renouvelables, en particulier le solaire. Le marché militaire est également très rentable. Si elle décroche le contrat pour la fourniture d'une vingtaine d'hélicoptères à l'armée du Qatar, Eurocopter, filiale à 100 % d'EADS, empochera quasiment un milliard et demi d'euros. EADS a déjà vendu aux Qatariens un système de surveillance des frontières pour deux cent quarante millions d'euros.

De si belles affaires valent bien une niche fiscale, un hôtel Lambert et quelques tapis rouges. Trois semaines après l'élection de Nicolas Sarkozy en 2007, le premier chef d'État arabe convié à l'Élysée fut l'émir du Qatar. Et un mois et demi plus tard, Cheikh Hamad et Cheikha Mozah étaient au côté du président, dans la tribune officielle, pour assister au défilé du 14-Juillet. Un de leurs fils, Cheikh Jouaan, figurait justement dans la promotion de Saint-Cyr. En 2008, c'est au tour de Nicolas Sarkozy de se rendre en visite à Doha avec une imposante délégation. En juillet de la même année, de nouveau, l'émir et sa seconde épouse assistent au défilé de la fête nationale. En juin 2009, ils sont reçus en visite d'État à Paris. À cette occasion, avec l'appui de l'Élysée, Cheikha Mozah est installée à l'Académie des beaux-arts en qualité de membre associé étranger, devant un parterre de personnalités où l'on reconnaît notamment Ségolène Royal et Rachida Dati. Dans son discours, la Cheikha évoque le dialogue des civilisations et la réconciliation des cultures, citant le calife de Cordoue qui enrichit l'Andalousie d'un grand patrimoine artistique. Conquis, les invités se précipitent sur le sirop de rose, les figues sèches, le foie gras et les patisseries arabes servis dans les salons de la comtesse de Caen. En novembre 2009, c'est Carla Bruni-Sarkozy qui participe au premier World Innovation Summit for Education organisé à Doha par la Qatar Fondation. Pas moins de mille experts de cent vingt pays, dont trente et un ministres en exercice, l'ancien chancelier Gerhard Schröder, l'ancien Premier ministre Édith Cresson, une pléthore de grandes entreprises et plus d'une centaine d'ONG ont fait le déplacement pour cette grand-messe sur la réduction des inégalités en matière d'éducation. Michelle Obama, elle, s'est décommandée à la dernière minute, laissant la vedette à la première dame de France. Et naturellement à Cheickha Mozah qui n'a pas mâché ses mots en déplorant « *l'état de mort clinique* » dans lequel serait tombée l'éducation pour tous, un des objectifs du millénaire fixés par les Nations unies. Carla Bruni-Sarkozy, que son mari a « déposée » la veille du sommet avant de se rendre lui-même en Arabie Saoudite, a profité de l'occasion pour remettre à la princesse un document soulignant la disponibilité de quelques grandes écoles françaises, comme HEC, à venir s'installer dans la Cité de l'Éducation. L'Élysée précise qu'il s'agit d'une « démarche informelle ». Mais pas désintéressée.

Les relations entre Nicolas Sarkozy et Cheikh Hamad bin Khalifa al-Thani sont chaleureuses. Mais, même s'ils ne la pratiquent pas, l'émir et ses proches savent bien que démocratie est synonyme d'alternance. Autant ne se fâcher avec personne dans la classe politique française.

L'ancien président Jacques Chirac s'est lui-même rendu à neuf reprises au Qatar au cours de ses deux mandats. Lors d'une visite récente, il est allé jusqu'à dire que « *le Qatar est, par nature, démocratique* »... En 2006, il a signé, avec l'émir, la préface d'un luxueux ouvrage intitulé *Qatar, un merveilleux voyage à travers les cartes anciennes.* Pour faire bonne mesure, Nicolas Sarkozy a préfacé, en 2008, *Le Qatar et les Français : cinq siècles de récits de voyage et de textes d'érudition.* D'autres personnalités politiques françaises de premier rang sont régulièrement invitées à Doha ou aux somptueuses réceptions de l'ambassadeur du Qatar à Paris, Mohamed Al Kuwari. En mars 2008, Ségolène Royal a eu droit à un dîner « amical et musical », en son honneur, à l'ambassade, l'une des plus somptueuses de la capitale, située sur la place de l'Étoile, face à l'Arc de Triomphe. L'ancienne candidate à l'élection présidentielle avait carte blanche pour inviter qui elle désirait. L'État du Qatar a payé la note du traiteur et des musiciens. Quelques jours plus tard, Ségolène Royal s'envolait pour Doha participer en vedette au huitième Forum sur la démocratie, le développement et le libre-échange. Son intervention à la tribune amusa beaucoup l'auditoire quand elle crut pertinent de comparer le Qatar au Poitou-Charentes en évoquant les efforts de sa région pour encourager l'élevage caprin... On compte certainement plus de Porsche Cayenne que de chèvres dans l'émirat. Au dîner officiel, Ségolène Royal eut l'honneur de partager la table de Cheikha Mozah. Dominique de Villepin, proche de la famille régnante, était également présent ce soir-là. Ulcéré d'être placé à distance, il quitta le dîner, furieux.

Philippe Douste-Blazy, ancien ministre des Affaires étrangères, aujourd'hui secrétaire général adjoint de l'Onu, « chargé des financements innovants », fait aussi partie des habitués du palais à Doha. Ainsi que, naturellement, l'ancienne ministre de la Justice, Rachida Dati, bien connue pour s'être fréquemment rendue au Qatar. En 2008, elle faisait plusieurs allers-retours par mois, exigeant chaque fois que l'ambassadeur de France l'accueille à sa descente d'avion, même à deux heures du matin. La coopération judiciaire entre les deux pays et le projet d'ouverture d'une École nationale de la magistrature à Doha, sur le modèle français (une convention a été signée en mai 2008), sont sans aucun doute des dossiers qui méritaient un investissement personnel de la garde des Sceaux, mais peut-être pas à ce point. À plusieurs reprises, Rachida Dati a fait le voyage en famille, avec son père et ses sœurs. L'une d'elles a d'ailleurs été embauchée au ministère de la Justice du Qatar, et le moins qu'on puisse dire, en la voyant rejoindre un groupe de notables qatariens, en mini-jupe, dans un restaurant sélect de l'hôtel Sharq Village, c'est qu'elle ne recherche pas la discrétion. Les voyages de Rachida Dati à Doha ont alimenté la rumeur selon laquelle le procureur général du

Qatar, Ali bin Fetais al-Marri, serait le père de la petite Zohra, née le 2 janvier 2009. La thèse, développée par les journalistes Michaël Darmon et Yves Derai [1], dans leur biographie de la ministre, *Belle-Amie*, fait sourire l'intéressé. Proche de l'émir et francophile, il m'a plusieurs fois reçu, curieux de discuter des évolutions possibles dans son pays en matière de la liberté de la presse. Ancien sorbonnard, il faisait encore partie d'un jury en juillet 2009 pour la soutenance d'une thèse de doctorat présentée à Paris par une étudiante égyptienne. Dans un français impeccable, il m'a toujours encouragé à persévérer pour obtenir une réforme du code de la presse, obsolète. Mais son conseil, invariablement, était de faire preuve de patience et de prudence si nous ne voulions pas être broyés par les forces conservatrices de l'émirat. « *Il faudra du temps pour voir évoluer les mentalités au Qatar* » me dit-il en m'offrant une statuette en plâtre représentant un oryx, sorte d'antilope, animal fétiche de l'émirat, autrefois menacé d'extinction et sauvé par la création de fermes d'élevage. Pour l'oryx, sauver sa peau, c'était perdre sa liberté...

Comme je lui demandais un jour comment il vivait les rumeurs concernant la paternité de la petite Zohra, il me répondit simplement en souriant qu'il lui semblait inutile de démentir davantage. « *Cela ne ferait qu'alimenter les ragots* » ajouta-t-il, alors que son seul but était de « *continuer à*

1. *Belle-Amie*, Michaël Darmon et Yves Derai, Éditions du Moment.

œuvrer pour l'approfondissement des relations entre la France et le Qatar ». C'est donc seulement dans l'intérêt supérieur des deux nations que, selon les auteurs de *Belle-Amie*, il aurait offert à Rachida Dati des bijoux Cartier et Chaumet.

De réception en réception, on en croise du monde dans les salons de l'ambassadeur de France à Doha. La résidence est agréable, tout près du bord de mer. Les colloques, rencontres, séminaires et autres symposiums sont devenus une véritable industrie au Qatar. Et les invités se bousculent. Les Français comme les autres. Côté cour, on pérore à la tribune sur le « rapprochement culturel », les « débats interreligieux », la nécessaire lutte contre le diabolique « choc des civilisations ». Côté jardin, on tisse des « partenariats ». En français dans le texte : on tend la sébile. Le riyal qatarien est une monnaie convertible.

Les politiques jouent des coudes. Les patrons se pâment. Loin de Paris, on oublie les affrontements, les joutes idéologiques. Je me souviens avoir croisé, le même soir, autour de la piscine du vibrionnaire ambassadeur de France, le socialiste Manuel Valls, le centriste Maurice Leroy et la ministre d'ouverture Fadela Amara. C'est Alain Juppé qui officiait. Il avait été plutôt moins grandiloquent sur « l'amitié franco-qatarienne » que les habitués de l'hôtel Sheraton où se tiennent la plupart des conférences.

Mais nul besoin d'être un responsable politique ou un capitaine d'industrie pour rêver au coffre-fort qatarien.

L'émir a deux amours : son pays et Paris

À peine avais-je rendu publique ma nomination à la tête du Centre de Doha que je voyais frapper à ma porte une kyrielle de « nouveaux amis ». Tous voulaient savoir comment entrer en contact avec « Son Altesse », lui remettre un dossier, obtenir un numéro de téléphone. Ils travaillaient dans la mode, dans la fabrication de je ne sais quel produit « innovant » et désormais « indispensable », dans les médias aussi. J'ai encore en mémoire un confrère venant me demander d'intercéder en faveur d'une journaliste récemment remerciée d'un grand groupe et en passe de monter une agence de production audiovisuelle évidemment « formidable ». Il me semblait qu'il n'y a pas si longtemps encore, elle me cassait du sucre sur le dos...

VI

PARIS-DOHA, UN AXE GAGNANT-GAGNANT

La signature de contrats et l'investissement immobilier ne sont pas les seuls rouages des excellents rapports entre la France et le Qatar. L'émirat, depuis 2007, est devenu le joker diplomatique de Nicolas Sarkozy. En juillet 2007, c'est un appel téléphonique de Cheikh Hamad bin Khalifa al-Thani au numéro un libyen Mouammar Kadhafi qui permet de débloquer les tractations sur la libération de cinq infirmières bulgares et d'un médecin palestinien, accusés par Tripoli d'avoir inoculé le virus du sida à plusieurs centaines d'enfants. Le mystère qui entoure le règlement du dossier, avec une Cécilia Sarkozy enflammée dans son rôle d'émissaire, laisse imaginer que le Qatar a pris en charge les quatre cent soixante millions d'indemnités demandés par la Libye. Pour les diplomates familiers de ce dossier, il est peu probable que cette somme ait été versée. L'intervention de l'émir aurait, en réalité, aidé Mouammar Kadhafi à ne pas perdre la face. Tous les officiels qatariens s'en tiennent en tout cas à la version selon laquelle le rôle de leur pays a été « purement humanitaire ».

En 2007 encore, les dirigeants qatariens ont permis à Nicolas Sarkozy de renouer le dialogue avec le président syrien Bachar el-Assad, rompu par Jacques Chirac, la Syrie étant soupçonnée d'avoir fomenté l'assassinat de son ami, l'ancien Premier ministre libanais Rafic Hariri. L'émir en personne a participé à la conférence de presse réunissant le 12 juillet 2007, à Paris, Nicolas Sarkozy, Bachar el-Assad et le Libanais Michel Souleïmane.

En mai 2008, à nouveau, l'intervention de l'émir a été déterminante dans la conclusion d'un accord interlibanais – l'accord de Doha – afin de débloquer l'élection de Michel Souleïmane à la présidence. Une victoire diplomatique qui aurait coûté au Qatar plus de deux milliards de dollars, sans compter un avion offert à la Syrie en échange de sa neutralité.

C'est aussi par le truchement de Cheikh Hamad que Nicolas Sarkozy fait transmettre au mouvement islamiste palestinien Hamas un message du père du soldat franco-israélien Gilad Shalit à son fils, détenu dans la bande de Gaza. La France a également recouru au Qatar pour faire passer des messages au régime iranien. Et la coopération diplomatique entre Paris et Doha dépasse désormais les frontières du Moyen-Orient. Les deux pays travaillent de concert à obtenir un règlement de la crise au Darfour. Évidemment, quand il s'agit de sortir le carnet de chèques, c'est l'émir qui s'y colle. Le Qatar serait prêt à offrir cinq cents millions de dollars pour la reconstruction et le développement de la province soudanaise.

Paris-Doha ? Un axe gagnant-gagnant. Pour l'Élysée, les coups de main de l'émir sont autant d'occasions de faire apparaître la France comme un médiateur incontournable sur la scène internationale. Pour le Qatar, il s'agit de ne pas tout miser sur sa relation avec les États-Unis. Rester en bons termes avec tout le monde, tel est l'objectif de la diplomatie qatarienne. Comme me le révéla un jour Cheikha Mozah, « *l'émir fume des cigares offerts par Fidel Castro ; et moi, je travaille avec vous. Un bon résumé du Qatar* ». Le dictateur cubain n'est pas le seul ami de la famille royale. Bachar el-Assad vient fréquemment faire du shopping à Doha en compagnie de sa très belle épouse. Khaled Mechaal, le chef du Hamas, est régulièrement reçu au palais royal. Tout comme le président de l'Autorité palestinienne, Mahmoud Abbas, qui possède d'ailleurs une résidence au Qatar. On ménage tout le monde. L'émirat a offert l'asile à la veuve de Saddam Hussein et à un chef tchétchène musulman recherché par les Russes. Et il est le seul pays de la région à entretenir des liens – certes ténus – avec Israël. Jusqu'au début de l'année 2009, plusieurs diplomates israéliens étaient d'ailleurs en poste à la « mission commerciale » de Doha. Après le déclenchement de l'opération Plomb durci contre Gaza, les autorités qatariennes ont ordonné la fermeture de ce bureau dont l'utilité, selon le témoignage d'un certain nombre d'expatriés, était principalement d'alimenter le marché noir des boissons alcoolisées...

Malgré sa volonté affichée d'entretenir de bons rapports avec la terre entière, le Qatar ne compte pas que des amis. Nous l'avons vérifié en janvier 2009, alors que nous tentions, avec un groupe de dix-sept journalistes de plusieurs pays, de pénétrer dans Gaza assiégée, en passant par le poste frontière de Raffah, en Égypte. Malgré six jours de négociation, le soutien de plusieurs ambassades et le caractère indiscutablement humanitaire de notre mission, les fonctionnaires égyptiens ont catégoriquement refusé de nous laisser passer, au motif clairement annoncé que nous représentions une organisation qatarienne. « *C'est le mot Doha qui nous gêne, dans l'intitulé de votre organisation* » nous a expliqué un représentant des autorités égyptiennes. C'est finalement avec l'aide du Croissant Rouge que le Centre de Doha a réussi à faire parvenir du matériel indispensable aux journalistes palestiniens : gilets pare-balles et pare-éclats, casques, trousses de première urgence, appareils photo, caméras...

La brouille entre l'Égypte et le Qatar ne paraît pas près de se calmer. Le Caire reproche à Doha de vouloir minimiser son rôle sur la scène arabe en multipliant les initiatives intempestives. En clair, de chercher à lui faire de l'ombre. Le chef du gouvernement et ministre des Affaires étrangères qatarien, cheikh Hamed bin Jassem bin Jaber al-Thani, a répondu en juin 2009 : « *Le Qatar refuse la méthode de cer-*

tains responsables égyptiens qui prônent une politique manichéenne et [...] *veulent exporter leur échec en matière de gouvernement, à travers des susceptibilités incompréhensibles et à travers leur refus de la tenue des sommets arabes et islamiques à Doha.* » Et d'ajouter qu'une solution au désaccord entre les deux pays pourrait être trouvée « *demain ou dans dix ans* ». Doha ne perd pas, en tout cas, la moindre occasion de ridiculiser la diplomatie égyptienne. Comme en 2009, lorsque l'Égypte avait lamentablement échoué à convaincre les rebelles darfouriens d'unifier leurs rangs sous un seul commandement pour des pourparlers avec le gouvernement soudanais. L'échec de la médiation avait fait la une des journaux du Qatar.

Plus complexes encore sont les relations du Qatar avec son grand voisin, l'Arabie Saoudite. Les deux peuples ont toujours entretenu des rapports houleux. La maison des Saoud s'estime supérieure aux al-Thani et quantité de choses chez les Qatariens irritent les Saoudiens. Bien qu'ils se conforment tous deux à la doctrine islamique puritaine du wahhabisme, les Qatariens ont des vues sensiblement plus libérales, notamment la place des femmes dans la société ou la tolérance envers les populations immigrées. À Doha, les femmes étudient, travaillent ou conduisent et les étrangers sont libres de pratiquer leur religion ou, moyennant l'acquisition d'une licence, de consommer de l'alcool à leur domicile. Rien de tout cela n'est envisageable à Riyad. Surtout, pendant des années, l'Arabie Saoudite s'est posée en chef de file de la région, auquel les petits émirats voisins devaient le respect. À l'instar des Égyptiens, les Saoudiens tolèrent mal que le Qatar leur vole la vedette sur la scène internationale en multipliant les médiations et les sommets. Ils supportent difficilement l'insolence dont fait preuve la chaîne Al Jazeera. C'est d'ailleurs après la diffusion d'un programme critiquant ouvertement le roi Abdel Aziz ibn Saoud, fondateur du royaume, que l'Arabie Saoudite décide, en septembre 2002, de rappeler son ambassadeur en poste à Doha.

Rien d'étonnant à ce que ni l'Égypte ni l'Arabie Saoudite ne veuillent participer, en janvier 2009, au sommet extraordinaire de la Ligue arabe convoqué à Doha pour examiner la situation à Gaza. Jusqu'à la dernière minute, le suspense sur le nombre des pays acceptant de participer à cette réunion reste entier. Au cours des jours précédant le sommet, le quorum – quatorze pays – fait du yo-yo. Il est atteint cinq fois de suite, avant que tel ou tel État, sous la pression de Riyad et du Caire, ne change d'avis. Tandis que le peuple palestinien de Gaza vit une tragédie, les dirigeants arabes étalent une nouvelle fois leurs insurmontables divisions au grand jour. Naturellement, le sommet n'a eu pratiquement aucune utilité. Seule annonce concrète, la décision syrienne, en accord avec la Turquie, de suspendre *sine die* les négociations indirectes entamées avec Israël. Mais la rencontre démontre une nouvelle fois la volonté de l'émir d'assumer un rôle de leader dans la région en faisant bouger des lignes diplomatiques figées depuis trop longtemps. Quatorze chefs d'État arabes ou leurs représentants participent au rendez-vous de Doha, malgré des pressions considérables. Même le président de l'Autorité palestinienne, Mahmoud Abbas, déclare au Premier ministre qatarien faire l'objet d'intimidations pour ne pas y assister, et aurait été menacé d'être « égorgé ». Mais l'honneur est sauf : la presse qatarienne souligne que les dirigeants rassemblés à Doha représentent deux cent trente-trois millions d'Arabes, tandis que les absents ne pèsent que cent vingt-neuf millions...

L'agression israélienne contre la bande de Gaza – mille trois cent cinquante morts dont plus de quatre cents enfants en trois semaines – est l'occasion d'assister à Doha à un événement assez inhabituel. La nouvelle Constitution, votée en 2003, autorise, certes, les manifestations. Mais tout rassemblement doit être autorisé par la police et, en pratique, on n'a jamais vu de banderoles au Qatar. Jusqu'à ce jour-là. Le 13 janvier 2009, plusieurs milliers de personnes défilent le long de la corniche pour réclamer la fin des bombardements israéliens et dire leur solidarité avec le peuple palestinien. Une foule étonnante, composée de Qatariens en habit national et d'étrangers de toutes les nationalités, emmenée par Cheikha Mozah Bint Nasser Al-Missned en personne. Décidément, la princesse ne cesse de surprendre.

VII

AU CŒUR DE LA « CONTROL ROOM »

Les balades en 4 × 4 dans les dunes au sud de Doha figurent en bonne place des loisirs préférés des Qatariens le week-end. Certains louent à l'année des tentes de style bédouin, tout confort, y compris la climatisation. Il faut dire que la température dépasse facilement les cinquante degrés et, dans le désert, inutile de chercher de l'ombre. D'autres se contentent de faire l'aller-retour dans la journée et de se donner quelques frissons en attaquant les dunes les plus impressionnantes, qui peuvent atteindre une quarantaine de mètres, pratiquement à la verticale. Certains commerces, perdus au milieu des sables, louent également des quads aux plus téméraires. Mais si l'on n'a pas l'âme d'un cascadeur, le véritable intérêt de ces excursions en dehors de la ville consiste à rejoindre le rivage de la mer intérieure qui marque la frontière entre le Qatar et l'Arabie Saoudite. À moins d'une heure et demie de la capitale, si votre chauffeur évite les détours et les acrobaties à quatre roues motrices, s'ouvre à vous un paysage absolument fabuleux où le soleil, dans sa course, s'amuse à changer les couleurs du tableau immobile que forment ciel, eau et sable.

Aucune embarcation n'est autorisée sur cette mer mais la baignade est possible et elle vaut le détour. Il va sans dire que la température de l'eau est accueillante, mais le plus surprenant est la sensation d'apesanteur que procure la teneur extrêmement élevée en sel. Après quelques brasses, on ressort couvert de la fleur de sel du Qatar. Sur la plage, le sel se dépose en croûte et donne l'impression que le sable s'est changé en ciment.

L'endroit est particulièrement calme en semaine, à moins d'être rejoint par un bataillon de soldats américains en permission, joyeuse bande de GI's venus se détendre en jouant au volley et en écoutant du R&B. C'est d'ailleurs à peu près le seul endroit au Qatar où vous aurez une occasion de les croiser car la forte présence militaire américaine dans le pays se caractérise avant tout par sa discrétion. Les soldats ne quittent que rarement l'enceinte de leur base. Et quand, très exceptionnellement, ils se rendent en ville, c'est à deux maximum, en civil, et avec pour consigne de passer inaperçus.

Ainsi, la population n'a pas à se souvenir que, quelque part dans le désert, se trouve l'imposante base aérienne d'Al Udeid, depuis laquelle a été déclenchée l'invasion de l'Irak en 2003. L'endroit n'est indiqué par aucun panneau et il est protégé des regards par d'interminables clôtures grillagées. Le commandement central de la coalition, où étaient organisées les conférences de presse quotidiennes sur l'avancée de la guerre, est, lui, situé sur une autre base, As-Saliyah, dans une zone industrielle à la périphérie de Doha. Là non plus, aucun panneau ne signale la présence de l'Oncle Sam. L'US Army fait profil bas au Qatar. Pourtant, l'émirat est bel et bien au cœur de la stratégie américaine dans la région.

Les relations entre les deux pays n'ont pas toujours été aussi excellentes. À la fin des années quatre-vingt, le climat diplomatique est même détestable entre Washington et Doha. Les États-Unis reprochent au Qatar de se procurer au marché noir des missiles Stinger de fabrication américaine. Les Qatariens ne s'en cachent pas et expliquent vouloir ainsi protester contre la fourniture de ces mêmes engins à Bahreïn auquel un différend frontalier les oppose. La dispute conduit le Congrès à voter un embargo sur les ventes d'armes au Qatar. Ce qui ne peut, bien sûr, empêcher le marché noir et arrange bien les affaires de la France. Encore à ce jour, 80 % des équipements de la petite armée du Qatar sont d'origine française. Les responsables qatariens les plus francophiles aiment d'ailleurs rappeler que Cheikh Hamad a proposé à la France de transférer sa base militaire de Djibouti à Doha. Le futur émir n'était alors que prince héritier et ministre de la Défense.

C'est à l'occasion de la première guerre du Golfe, en 1991, que le rapprochement s'opère avec les Américains. Les autorités du Qatar autorisent les forces de la coalition à manœuvrer depuis leur territoire et, dans un geste symbolique d'apaisement, annoncent la destruction des fameux missiles Stinger. L'embargo est officiellement levé et, l'année suivante, les deux pays signent un accord de coopération militaire, point de départ d'une collaboration croissante depuis dix-huit ans. Dans les années quatre-vingt-dix, le Qatar a consacré plus d'un milliard de dollars à la construction de la base aérienne Al Udeid. Pour un pays qui ne dispose pas alors d'armée de l'air, l'investissement est considérable qui adresse à Washington un signal sans ambiguïté : l'US Air Force est la bienvenue. La mise à disposition de cette base est formalisée en 2000 et, en avril 2003, l'armée américaine y transfère le quartier général du fameux Commandement central (Centcom) installé jusqu'alors en Arabie Saoudite. Le secrétaire d'État à la Défense, Donald Rumsfeld, croit alors bon de préciser que les États-Unis entendent conserver des « relations saines » avec Riyad[1]. Pour autant, les dix mille soldats stationnés dans le royaume sont prestement délocalisés vers le Qatar. Pour l'occasion, l'émir accorde une rallonge de quatre cents millions de dollars afin d'équiper les installations de la meil-

1. Quinze des dix-neuf pirates de l'air des attentats du 11 septembre 2001 étaient de nationalité saoudienne.

leure technologie, comme le montre le documentaire *Control Room*[1]. C'est aujourd'hui encore depuis Al Udeid que les Américains organisent et déclenchent les opérations en Irak et en Afghanistan, tandis que le camp As-Saliyah, dans la banlieue de Doha, est devenu le plus grand entrepôt de matériel de guerre américain au monde où sont regroupés des centaines de chars d'assaut Abrams et autres véhicules de guerre.

Il est pour le moins étrange que ce minuscule État arabe, qui a plusieurs fois servi de refuge, voire de banquier, à des terroristes, y compris des membres d'Al-Qaïda, consacre tant d'efforts et d'argent à soutenir l'armée américaine dans des guerres, en Irak et en Afghanistan, loin d'être populaires dans la région. Il est de notoriété publique, en effet, que l'actuel ministre de l'Intérieur, Cheikh Abdallah bin Khaled al-Thani, membre de la famille royale, a personnellement offert l'hospitalité dans les années quatre-vingt-dix à Khalid Shaikh Mohammed, considéré comme le cerveau des attentats du 11 septembre 2001, ainsi qu'à sa famille. Le terroriste, déjà soupçonné à l'époque d'être mêlé à l'attentat de 1993 contre le World Trade Center, avait pu bénéficier d'un emploi tranquille au ministère qatarien de l'Électricité et de l'Eau. Il n'a quitté le pays qu'en janvier 1996, juste à temps pour éviter d'être arrêté par des agents du FBI.

---

1. Documentaire réalisé en 2004 par Jehane Noujaim.

Plusieurs rapports officiels américains indiquent aussi qu'Oussama Ben Laden en personne s'est rendu à Doha, au moins à deux reprises, avant l'attaque du World Trade Center, toujours à l'invitation de Cheikh Abdallah. Après le 11-Septembre, selon un rapport du Congrès, Abu Musab Al Zarkaoui aurait transité par Doha et bénéficié du soutien financier d'un membre de la famille al-Thani avant de se rendre en Irak où il a dirigé les opérations d'Al-Qaïda jusqu'en juin 2006, date à laquelle il a été victime d'un bombardement américain.

Cela n'a pas empêché Doha d'être elle-même la cible d'un attentat revendiqué par Al-Qaïda. En 2005, le jour du deuxième anniversaire de l'invasion américaine en Irak, un ressortissant égyptien a lancé une attaque suicide à la voiture piégée contre un théâtre de la capitale, essentiellement fréquenté par les Occidentaux. Un Britannique a été tué et douze autres personnes blessées.

Mais la principale épine dans les relations entre les États-Unis et le Qatar reste Al Jazeera. Après l'invasion américaine de l'Afghanistan en 2001, la chaîne est l'une des rares à disposer de correspondants dans le pays. Parmi eux, le journaliste hispano-syrien Tayssir Allouni. Ses reportages n'hésitent pas à montrer les dégâts collatéraux des bombardements américains. Ils irritent considérablement l'administration de George W. Bush qui ordonne ni plus ni moins le bombardement de son bureau à Kaboul, sous prétexte qu'il abrite des éléments d'Al-Qaïda. En Irak, en 2003, c'est encore Tayssir Allouni qui couvre les événements et en donne une version bien différente de celle des journalistes « embarqués » par les forces alliées [1]. De nouveau, les locaux d'Al Jazeera sont pris pour cible et, cette fois, un reporter est tué.

Mais les reportages de la chaîne qatarienne continuent d'éreinter les méthodes de l'US Army et d'exaspérer l'administration américaine. Dans son discours de l'État de l'Union en 2004, George W. Bush dénonce la « *propagande de haine venant du monde arabe* ». Et quand les journalistes d'Al Jazeera rapportent que les marines américains ont tué des centaines de civils lors de la « pacification » de la ville de Fallujah, W voit rouge. « *Ce que fait Al Jazeera est vicieux, inexact et inexcusable* » s'emporte le secrétaire d'État à la Défense, Donald Rumsfeld. C'est alors que le scénario d'une attaque aérienne contre le siège de la chaîne, à Doha, est mis sur la table. Selon les documents qui ont filtré un an plus tard, c'est le Premier ministre britannique, Tony Blair, qui aurait dissuadé le président américain de mettre son plan à exécution.

1. Tayssir Allouni est arrêté en Espagne en septembre 2003 et condamné à sept ans de prison pour collaboration avec un réseau terroriste. La CIA a fourni au gouvernement espagnol des informations selon lesquelles le journaliste faisait partie d'Al-Qaïda. Libéré en 2006 pour raisons de santé, il a été placé en résidence surveillée.

VIII

LES PARADOXES D'AL JAZEERA

En moins de quinze ans, Al Jazeera s'est imposée comme la chaîne de référence dans tout le monde arabe où elle contribue largement à façonner l'opinion publique. Cinquante millions de téléspectateurs arabophones suivent ses programmes. Aucune autre chaîne de la région ne peut se vanter d'une telle force de frappe. Pourtant, Al Jazeera n'est encore jamais parvenue à l'autosuffisance financière, principalement en raison des pressions exercées par les autorités saoudiennes et d'autres pays de la région sur les entreprises tentées de faire de la publicité sur son antenne. Pour la rue arabe, Al Jazeera est une bouffée de liberté. Pour les régimes autocratiques de la région, une menace. À maintes reprises, des gouvernements arabes ont protesté auprès des autorités du Qatar suite à la diffusion de reportages donnant la parole à leurs opposants. L'Arabie Saoudite, l'Iran et la Syrie n'ont jamais autorisé Al Jazeera à ouvrir des bureaux sur leur territoire. D'autres comme l'Égypte, la Jordanie, le Koweït, la Libye, la Tunisie, l'Algérie et le Maroc ont régulièrement interdit le travail des correspondants de la chaîne chez eux. En octobre 2001, lors d'une visite des locaux de la chaîne à Doha, le président égyptien Hosni Moubarak avait lancé, laconique : « *C'est donc de cette petite boîte d'allumettes que vient tout ce vacarme !* »

C'est lors du coup d'État qui l'a porté au pouvoir que Cheikh Hamad a véritablement pris conscience du pouvoir des médias. Le mardi 27 juin 1995, la télévision nationale interrompt ses programmes pour diffuser un communiqué annonçant que le prince héritier a déposé son père, coupable de conduire le pays à la faillite en détournant les recettes du pétrole et du gaz à des fins personnelles. Vingt pour cent seulement de cette manne revient au Trésor public. La différence aurait été versée sur les comptes de l'émir en Suisse. Immédiatement après cette annonce, la télévision diffuse un reportage montrant l'ensemble des chefs traditionnels et des membres de la famille régnante faire allégeance au nouvel émir. Les uns lui baisent la main ou l'épaule. Les autres, de rang plus élevé, s'inclinent légèrement. Ces images ont largement contribué à faire basculer l'opinion nationale et, surtout, les gouvernements étrangers en faveur du nouvel homme fort. Immédiatement après sa diffusion, les diplomates en poste à Doha informent les autorités de leur pays que l'affaire paraît entendue et qu'il serait de bon ton de féliciter le jeune émir. Le plus tôt serait d'ailleurs le mieux car il se souviendra surtout des premiers : les Américains font parvenir le premier télégramme officiel de félicitations.

Ce reportage est un coup de génie – et, dit-on, une idée de Cheikha Mozah. En réalité, la scène d'allégeance n'a jamais eu lieu. En fait, c'est la veille de son coup d'État que le prince héritier avait convoqué les plus hauts dignitaires du pays pour leur donner des nouvelles de l'émir, son père, qu'il a eu au téléphone depuis sa villégiature helvétique. La cérémonie a naturellement été filmée, mais diffusée sans le son et dans un tout autre contexte. Aucune des personnalités piégées ne prend évidemment le risque de dénoncer la supercherie.

Quelques mois plus tard, l'émir charge une équipe réduite d'un projet ambitieux : concevoir une chaîne de télévision par satellite qui ferait rayonner l'image du Qatar dans l'ensemble du monde arabe. Rapidement, c'est le concept d'une chaîne d'information en continu qui s'impose. Al Jazeera, dont le nom signifie littéralement « L'île », voit le jour le 1er novembre 1996.

Ironie du sort, Al Jazeera a été créée alors que les Saoudiens renonçaient au lancement d'un programme en langue arabe en partenariat avec la BBC. La chaîne qatarienne a profité de l'aubaine pour récupérer le personnel embauché à Londres pour ce projet. Des journalistes des deux sexes, venus de tout le monde arabe et formés dans les meilleures écoles. Une armée de professionnels de la caméra et du micro dont l'émir a parfaitement mesuré la puissance qu'elle lui assurerait.

2006, dix ans plus tard. Inauguration d'Al Jazeera English, aujourd'hui captée dans plus de cent pays, mais toujours quasiment absente des écrans nord-américains. Aux États-Unis, seuls trois petits opérateurs proposent la chaîne dans leur bouquet, dans l'Ohio, le Vermont et à Washington DC. Pour encourager les téléspectateurs nord-américains à faire pression sur les câblo-opérateurs et demander la diffusion de la chaîne, Al Jazeera a lancé un site Internet intitulé IWantAJE.net (« Je veux AJE »). Outre des conseils pratiques, le site propose, sous la forme de « questions-réponses », de corriger quelques « *malentendus et mythes sur son histoire ou sa ligne éditoriale* ». Il est ainsi rappelé qu'Al Jazeera n'a jamais diffusé d'images de décapitation. Accusée de soutenir le terrorisme ou de permettre l'expression d'opinions antisémites, la chaîne a encore, en Occident, une réputation sulfureuse, dont une bonne part relève du fantasme.

La diffusion des fameuses cassettes enregistrées par Oussama Ben Laden ? Aucune chaîne au monde n'aurait refusé de les mettre à l'antenne. D'ailleurs, les grands réseaux américains ont tous repris les images d'Al Jazeera. La couverture partisane du conflit israélo-palestinien ? Certes, la chaîne arabe qualifie de « *martyrs* » les victimes palestiniennes des bombardements israéliens. Et la personnalité de certains de ses responsables, comme le directeur général, Wadah Khanfar, ancien porte-parole des Frères musulmans en Jordanie et proche du Hamas, inspire la méfiance. Mais force est de reconnaître qu'Al Jazeera a toujours donné la parole aux dirigeants israéliens. Catherine Cano, ancienne directrice de la rédaction de Radio Canada, embauchée à Doha en 2009, énumère ainsi la liste des personnalités interviewées par Al Jazeera : « *Shimon Peres, qui est même venu dans les studios à Doha, Tzipi Livni, Mark Regev, Avital Leibovich, Danny Gillerman et Benjamin Netanyahu. D'ailleurs, Jérusalem est l'un de nos bureaux les plus importants avec deux correspondants permanents. Pendant la guerre de Gaza, nous avons été les seuls à présenter des reportages des deux côtés du conflit. Le* Jerusalem Post *et le* Haaretz *ont tous deux vanté le journalisme d'Al Jazeera. Gideon Levy a écrit un article intitulé* "My Hero of the Gaza War". *Ce héros, c'était notre journaliste à Gaza, Ayman Mohyeldin.* » Catherine Cano nous rappelle également que « *la chaîne arabe est disponible en Israël et que des distributeurs y ont remplacé BBC World par le réseau anglais d'Al Jazeera en 2007* ».

Quant aux reportages ouvertement critiques sur l'intervention américaine en Irak ou en Afghanistan, ils ont eu le mérite de contrebalancer la couverture assurée par les journalistes « embarqués » dans les bataillons de l'US Army. Sans Al Jazeera, aurait-on jamais eu connaissance du massacre de plusieurs centaines de civils en novembre 2004 dans la ville de Fallujah bombardée par les forces alliées ?

Des pays arabes, comme la Syrie, accusent Al Jazeera d'être un instrument du sionisme et de l'impérialisme américain. L'Arabie Saoudite et l'Égypte lui reprochent d'être aux ordres de l'émir. Les États-Unis la soupçonnent de galvaniser les pires sentiments dans l'opinion publique arabe. L'addition de tous ces reproches confirme en tout cas que la chaîne qatarienne constitue une révolution dans le paysage médiatique.

Al Jazeera apporte un regard différent sur le monde. Seule chaîne d'information réellement internationale basée dans le sud, elle est aussi la seule à couvrir des sujets ou des zones que les autres réseaux délaissent ou n'ont pas les moyens de suivre. Elle donne la parole à des citoyens du monde qui n'y ont jamais droit ailleurs. Al Jazeera était seule sur le terrain au Sri Lanka lors des combats en 2009. Seule également à maintenir un bureau permanent à Harare, au Zimbabwe. Et lorsqu'Israël a lancé son offensive sur Gaza fin décembre 2008, ses micros étaient sur place. Avec ses deux correspondants permanents, sa couverture en temps réel de cette guerre a marqué la prédominance de la chaîne sur la scène médiatique arabe, voire mondiale. En raison du *black-out* imposé par l'armée israélienne, tous les autres grands *networks*, comme CNN ou la BBC, étaient réduits à observer les événements depuis une colline surplombant Gaza. Leurs envoyés spéciaux racontaient, piteusement, une guerre à distance.

Pendant des années, le flux de l'information a toujours circulé du Nord au Sud, des pays riches vers les pays pauvres. L'agenda médiatique était dicté par les groupes occidentaux, et le reste du monde, où se trouve la majorité de la population mondiale, devait s'en accommoder. Les peuples d'Amérique du Sud, du Moyen-Orient, d'Afrique étaient condamnés à voir leurs propres informations à travers les yeux de producteurs et de présentateurs installés à Atlanta ou à Londres. Al Jazeera a changé la donne.

À sa tête, depuis sa création, Cheikh Hamad bin Thamer al-Thani. Même s'il aime rappeler qu'il est titulaire d'une licence en journalisme de l'Université du Qatar, c'est au ministère de l'Information qu'il a commencé sa carrière et montré une vision pour le moins restrictive de la liberté de la presse. D'abord responsable de la censure des publications écrites, il est ensuite chargé de surveiller les activités des correspondants de la presse étrangère avant d'être nommé vice-ministre. Le ministère est officiellement supprimé en 1996, en même temps que Cheikh Hamad bin Thamer est nommé président du conseil d'administration de la chaîne satellitaire. Il pourrait sembler paradoxal de confier les commandes d'une chaîne d'information prétendant rivaliser avec CNN ou la BBC à celui qui, pendant des années, a été chargé de la censure officielle dans l'émirat. En réalité, Cheikh Hamad bin Thamer est avant tout un homme de pouvoir. Proche de l'émir, son cousin, il fait partie de ce qu'on pourrait appeler le premier cercle, une vingtaine de personnes tout au plus, qui fréquente quotidiennement le « Diwan Emiri ». Cheikh Hamad bin Thamer accompagne aussi fréquemment l'émir dans ses déplacements officiels à l'étranger. Et, depuis son bureau à Al Jazeera, il continue de contrôler l'ensemble des médias de l'émirat, téléphonant aux patrons des journaux pour relayer les instructions du palais ou leur conseiller « amicalement » de ne pas publier certaines informations. Naturellement, nous l'ignorions, et quand les conseillers de Cheikha Mozah m'ont suggéré de lui confier le poste de président du conseil d'administration du Centre, je suis tombé dans le piège. D'autant moins regardant que, en théorie, le rôle de Cheikh Hamad bin Thamer devait se borner à signer les documents officiels. Quand je l'ai rencontré pour la première fois, j'ai été trompé par son air inoffensif : absence remarquable de charisme, propos insipides et sentiment aigu que nos histoires sur la liberté d'information l'ennuyaient profondément. Il a d'ailleurs passé la plus grande partie de cet entretien à jouer avec son téléphone portable. Nous avons largement sous-estimé la dangerosité de cet adversaire. Grave erreur.

IX

UNE PRESSE TENUE EN LAISSE

Si Al Jazeera n'existait pas, la presse du Qatar ressemblerait à celle de tous les pays de la région. Les sept quotidiens arabophones et anglophones de l'émirat pratiquent tous l'autocensure. Quoi de plus normal lorsque 95 % des collaborateurs de journaux qatariens sont des étrangers dont le séjour est étroitement lié au respect des lignes rouges imposées par le pouvoir. Toute analyse critique des décisions du gouvernement est soigneusement évitée. Traiter des conditions de vie ou du licenciement de la main-d'œuvre étrangère est tout aussi problématique. Les journalistes doivent manœuvrer avec précaution pour éviter le renvoi, voire l'expulsion du territoire. Jusqu'en 2009, les patrons de presse confisquaient les passeports de leurs employés étrangers durant toute la durée de leur séjour au Qatar. La pratique est désormais illégale – depuis un décret de l'émir publié en 2009 – mais les journalistes restent à la merci de leur employeur. Ils sont d'autant plus démunis qu'il n'existe ni syndicat ni association susceptible de défendre leurs intérêts.

Les reporters chargés des questions économiques font souvent face à des obstacles insurmontables pour couvrir l'actualité. Il leur est quasiment impossible de vérifier les chiffres publiés par les entreprises locales et ont tendance à s'autocensurer de peur d'être « *accusés de porter atteinte à l'image du Qatar, qui se veut plus attractif pour les investissements étrangers* ». Ils se cantonnent ainsi, le plus souvent, à des « copier-coller » des communiqués publics.

Jusqu'en 1995, des agents du ministère de l'Information sont placés au sein de toutes les rédactions. Et chargés de censurer les articles contraires aux intérêts de l'émirat. À son arrivée au pouvoir, Cheikh Hamad décide de supprimer ce ministère et d'abolir la censure. Un symbole fort pour bien peu de changement. En réalité, la censure est abolie car elle n'est plus nécessaire. Les patrons de journaux, attachés à conserver leurs privilèges, mettent tout le zèle nécessaire à ne jamais déplaire à l'émir ni à ses proches. Les journalistes eux-mêmes renoncent à la quête de la vérité au profit du confort qu'assure une bonne maîtrise de la langue de bois. Difficile de leur en vouloir. La plupart des reporters travaillant au Qatar sont des expatriés qui ont trouvé là un emploi et un niveau de rémunération qu'ils n'auraient pas pu espérer dans leur pays d'origine. Au moindre faux pas, ils sont remerciés. Rachel Morris, une journaliste néo-zélandaise, recrutée pour diriger la rédaction du quotidien *Peninsula* en 2008, en a fait l'expérience. Licenciée quelques mois plus tard, elle a malgré tout préféré rester au Qatar où elle s'est reconvertie dans les relations publiques. Ashwin, originaire de Goa en Inde, que nous avons engagé au Centre, a travaillé pendant près de quinze ans pour la presse anglophone de Doha. En rejoignant notre équipe où il était chargé, notamment, de conduire les enquêtes et de rédiger les articles publiés sur le site Internet, il n'a pas caché qu'il était heureux de renouer avec un vrai travail de journaliste. Pourquoi avoir si longtemps renoncé à son ambition et à ses convictions ? Il s'était marié et avait deux enfants à nourrir. Il était donc rentré dans le moule, acceptant sans broncher papiers de commande, articles coupés par la direction, sujets passés à la trappe et tabous en tout genre.

Le code des publications, adopté en 1979, est toujours en vigueur, bien qu'il ne fasse aucune mention de la télévision par satellite ou des sites d'information sur Internet. La loi multiplie les interdits dans des termes ouverts à l'interprétation la plus large, et donne aux pouvoirs publics des prérogatives exorbitantes. À tout moment, le bureau du Premier ministre peut élargir la liste des interdits par simple notification aux médias. Toute entrave aux règles est de nature à conduire à l'interdiction de l'organe de presse, sans possibilité de recours judiciaire. L'absence d'organe judiciaire spécialisé dans les affaires de presse, au fait des modalités de travail des médias, fragilise un peu plus la liberté d'information. Les journalistes sont passibles de peines de prison pour des infractions dont la définition manque souvent de précision. Là encore, l'absence de syndicat ou d'association les protégeant se fait cruellement sentir. Difficile, dans ces conditions, d'établir le nombre de journalistes poursuivis ou victimes de licenciements abusifs.

Nos relations avec les journaux du pays ont d'abord été marquées par la méfiance. La création du Centre a été présentée comme une initiative de Cheikha Mozah et nul ne se risquerait, publiquement du moins, à critiquer une décision de la puissante épouse. Pourtant, dans l'intimité des diwans et de certains dîners au souk, de nombreux patrons de presse qatariens expriment leur incompréhension : pourquoi avoir choisi Robert Ménard, un Occidental connu pour son verbe libre et, qui plus est, interdit de séjour dans un certain nombre de pays arabes ? Tandis qu'à Paris certains se gaussent, prétendent que je me suis « vendu » au Qatar en échange d'indécents émoluments, j'arrive à Doha précédé de ma réputation qui n'est pas franchement celle d'un habile diplomate. Comme partout ailleurs, on me fait le procès de ne pas savoir composer, de demander l'impossible et, surtout, de ne pas mesurer les sacro-saintes différences culturelles.

Le premier communiqué du Centre de Doha, publié le 11 novembre 2008 à l'occasion de la Journée nationale des droits de l'homme, affirme l'ambition de faire évoluer la liberté de la presse dans l'émirat. Les journées de commémoration peuvent être utiles, à une condition : en dressant un état des lieux aussi précis et honnête que possible, faire bouger les lignes. Dans notre communiqué, figurent donc quelques pistes dont nous avons discuté avec Cheikha Mozah et qu'elle a elle-même encouragées. Principalement, nous demandons que le Qatar ratifie le Pacte international relatif aux droits civils et politiques. Doha se prépare à accueillir, le 3 mai 2009, la dix-neuvième Journée internationale de la liberté de la presse organisée par l'Unesco et, pour la première fois, cette manifestation aura lieu dans le monde arabe. Il est donc temps pour l'émirat de reconnaître la valeur et la portée de ce texte fondateur de la liberté d'information. Nous insistons également sur la nécessité de changer le code de la presse, à la fois obsolète et dangereux, et nous invitons l'ensemble des journalistes à participer à la réflexion sur une nouvelle loi.

Plusieurs journalistes sollicitent interviews ou compléments d'information. Mais, le lendemain, pas un journal du pays ne mentionne notre appel. Cheikh Hamad bin Thamer, le président de notre propre conseil d'administration, est passé par là. Il a demandé aux directeurs des rédactions de ne pas publier les articles prévus. Nous voilà prévenus, à la fois sur les intentions de Cheikh Hamad bin Thamer à notre égard et sur la main de fer avec laquelle il tient encore les patrons de presse, des années après la suppression officielle de la censure.

Au fil des semaines, à force d'explications et de démonstrations de bonne volonté, nous sommes néanmoins parvenus à gagner la confiance de certains médias qatariens. Nous ne sommes pas là pour organiser la révolution mais bien pour proposer des évolutions dont tout le monde pourrait profiter, journalistes comme dirigeants du pays. La femme de l'émir en est elle-même convaincue.

Quand, au mois de février 2009, nous organisons une conférence de presse dans l'un des hôtels de Doha pour y présenter un abondant rapport sur l'état de la presse au Maghreb et au Moyen-Orient, tous les journaux du pays sont présents. Prenant la parole, je précise d'entrée de jeu nos intentions : dénoncer les entorses à la liberté d'informer partout dans le monde. Le monde arabe, et le Qatar en particulier, ont certes du chemin à faire, mais nul n'est irréprochable. Je prends à témoin Sami El Hadj, le cameraman soudanais de la chaîne Al Jazeera, installé au premier rang de l'audience. Il vient de passer six années derrière les barreaux de la base américaine de Guantanamo. Il sait mieux que personne le prix de la liberté. Quand j'en viens à présenter le chapitre consacré au Qatar, on entend les mouches voler. De nouveau, j'évoque la nécessité de changer la loi sur la presse, de ratifier le Pacte international relatif aux droits civils et politiques. J'avance l'idée de créer une association de journalistes dans le pays. Je salue le courage de Cheikha Mozah qui a permis au Centre de Doha de voir le jour. Et ajoute que l'organisation n'aura aucune crédibilité si elle passe sous silence les retards du Qatar en matière de liberté de la presse. « *Nous ne pouvons nous contenter de dénoncer ce qui se passe ailleurs, sans parler de la situation ici même.* » L'équipe du Centre observe l'assemblée silencieuse et redoute que la salle ne se vide. Mais, à notre grande surprise, plusieurs mains se lèvent pour poser des questions. Certains prennent la parole pour faire une proposition ou témoigner de leurs propres expériences en matière d'autocensure. L'échange dure près d'une heure et c'est bien la première fois au Qatar que des journalistes peuvent discuter ainsi de leur métier et de ses difficultés.

Le lendemain, le rapport du Centre fait la une de plusieurs journaux. *Peninsula* et *Gulf Times*, les quotidiens de langue anglaise, sont particulièrement diserts sur le chapitre consacré au Qatar. *Al Arab* publie une double page complète sur nos conclusions, accordant le même espace à chacun des pays cités. *Al Raya*, *Al Sharq* et *Al Watan* préfèrent mettre l'accent sur nos critiques à l'encontre de l'Égypte ou de l'Arabie Saoudite. Mais globalement, nous avons gagné notre pari.

Cette relative lune de miel entre le Centre et la presse du Qatar est de courte durée. Nos prises de position, notre liberté de parole et, surtout, les luttes de pouvoir au-dessus de nos têtes, amènent rapidement un changement de ton. Certains directeurs de journaux ordonnent à leurs journalistes de ne plus couvrir nos activités. D'autres vont jusqu'à lancer une campagne de dénigrement et de diffamation d'une rare violence à notre égard. Une journaliste d'origine sri-lankaise qui a participé à nos côtés à l'enquête sur l'assassinat de son confrère et compatriote Lasantha Wickrematunga, abattu le 8 janvier 2009 à Colombo, paie chèrement sa collaboration avec le Centre de Doha. Elle se voit remerciée, sans un mot d'explication, sans préavis ni indemnité. Son employeur, le journal en langue anglaise *Peninsula*, avait d'ailleurs, pendant des mois, négligé de signer son contrat de travail. Elle recevait son salaire en liquide, sans oser protester. Dans la foulée de son licenciement, les autorités lui ont donné trois semaines pour quitter le pays.

X

UN PAYS EN IMAGES DE SYNTHÈSE

La première impression, quand on arrive à Doha, est celle d'un gigantesque chantier. Aucun quartier n'est épargné par les constructions. Il faut beaucoup d'imagination pour deviner à quoi ressemblera la ville quand les bétonneuses se seront tues. Et encore plus pour visualiser ce qu'elle était il y a seulement dix ans. Tout est censé être terminé en 2012. On en doute. À la nuit tombée, Al Corniche, une promenade de sept kilomètres longée par une route à six voies, semble vouloir rivaliser avec la *skyline* de Manhattan. Les tours qui la bordent sont illuminées et leur scintillement se reflète dans les eaux sombres de la baie. Au lever du jour, le mirage disparaît. Aucun ou presque des immeubles n'est achevé. Mais l'éclairage est la première chose qu'on pense à faire installer. Certains gratte-ciels ne sont encore que des squelettes de béton armé. On a pourtant pris bien soin de disposer à chaque étage des barres de néon qui restent allumées toute la nuit pour créer l'illusion. Les travaux semblent interminables. Quand nous nous sommes installés à Doha, en 2008, certaines des tours paraissaient sur le point d'être terminées. Sur la façade nord de la Navigation Tower, il ne manquait plus que quelques plaques de verre, au niveau le plus élevé. Plus d'un an après, le trou reste béant tandis que sur la façade opposée, d'étranges coulées brunâtres semblent indiquer une fuite des systèmes de climatisation ou quelque autre malfaçon. Qu'importe, la tour de la navigation brille la nuit de tous ses feux.

Ce n'est pourtant pas l'argent qui manque pour mener à terme les cent quatre-vingt-onze projets en cours de construction pour une valeur de plus de quatre-vingts milliards de dollars. Le plus important maître d'œuvre est d'ailleurs Qatari Diar, filiale à 100 % du fonds souverain Qatar Investment Authority. À quoi sont destinés ces centaines de milliers de mètres carrés ? 60 % de la surface déjà disponible sont inoccupés. Des étages entiers des tours jumelles Al Fardan, culminant à cent soixante-dix-sept mètres et achevées depuis 2006, n'ont encore jamais accueilli de locataires. Indubitablement, l'offre est déjà, de loin, supérieure à la demande, même si les loyers, astronomiques, ne paraissent pas refléter cette réalité. À Doha, la loi du marché marche quelquefois sur la tête. En 2009, l'émir a d'ailleurs signé un décret imposant une baisse générale de 25 % pour tous les contrats de location arrivant à échéance.

Tours fantômes, chantiers en berne, modèle économique farfelu, l'immobilier au Qatar obéit à une seule règle. Cheikh Hamad a fait un rêve, et des centaines de milliers d'ouvriers s'activent, nuit et jour, à le faire sortir de terre. Le pays avale, chaque jour, quinze mille tonnes de ciment. L'un des plus vertigineux projets est celui de la Convention Center Tower, qui devrait atteindre cinq cent cinquante mètres et se classer parmi les dix plus hautes tours de la planète. La construction doit être achevée, comme tout le reste, en 2012. Pour l'instant, seules les fondations sont posées au milieu d'un gigantesque terrain vague qui sert de parking aux visiteurs du centre commercial voisin. Mais une immense affiche présente déjà fièrement le futur édifice de cent cinq étages. Sur chaque palissade entourant les chantiers de Doha, des panneaux du même genre tentent de faire oublier gravats, grues, bruit ininterrompu des engins, absence de trottoir et, bien sûr, de verdure. Le Qatar : un pays en images de synthèse. Et une véritable aubaine pour les cabinets d'architectes. Ils se pressent d'ailleurs tous à Doha. Comme le Néerlandais Rem Koolhaas, chargé de dessiner le nouveau siège de la Fondation du Qatar. Ou le Japonais Arata Isozaki, qui s'est vu confier le projet du Centre de conférences, aux portes de la ville, sur une surface de cent soixante-dix-sept mille mètres carrés. Ou encore le Français Jean Nouvel, dont la tour oblongue de quarante-cinq étages, recouverte d'une dentelle de verre, aurait dû être livrée fin 2008. Elle non plus n'est pas terminée. Les seuls endroits dans la ville où l'on peut faire quelques mètres à pied sans risquer de se faire renverser par un 4 × 4 et sans devoir escalader des montagnes de déblais, sont La Corniche, les centres commerciaux et le souk wakif. Les « malls » constituent le principal lieu de promenade des Qatariens durant leur temps libre. La construction d'un nouveau centre de plus de huit kilomètres de long est d'ailleurs prévu au nord de la ville : un nouveau record du monde à l'actif du pays !

En attendant ce nouveau géant, les Qatariens privilégient le Villagio, installé à proximité du complexe sportif et de la tour Aspire, construits pour les Jeux asiatiques de 2006. La particularité du Villagio, outre une patinoire centrale qui aide à oublier la température extérieure de quarante-cinq degrés, réside dans la décoration intérieure censée rendre hommage aux charmes de Venise. Sous un ciel en trompe-l'œil, des gondoliers d'origine asiatique emmènent les visiteurs sur des canaux parfumés au chlore qui serpentent au milieu des boutiques de luxe. Il faut un certain effort d'imagination et n'avoir jamais mis les pieds à Venise pour être transporté et oublier le kitsch de la scène.

Le souk wakif, également appelé « vieux souk », est digne, lui aussi, de figurer dans un parc d'attractions. Car s'il se trouve effectivement à l'emplacement du souk historique, rien n'est d'époque. Les maisons au toit d'argile, qui abritent aujourd'hui restaurants à chicha, échoppes pour touristes, et quelques enseignes à la mode comme une marque américaine de crème glacée à consonance scandinave, ont toutes été entièrement reconstruites il y a quelques années, à l'initiative de l'émir. Les ruelles ont été soigneusement pavées, un éclairage sophistiqué a été installé pour apporter aux terrasses une ambiance romantique, et de fiers cavaliers de la police montée sillonnent élégamment l'endroit, suivis à quelques mètres par des Népalais chargés de ramasser discrètement le crottin.

À quelques pas de ce « vieux » souk tout neuf, se trouve le fameux musée d'art islamique, dont l'inauguration, en novembre 2008, a réuni tout le gotha. Bernadette Chirac, Jack Lang, Dominique de Villepin, Jeff Koons, Damien Hirst, Robert de Niro, Keith Richards, mais aussi le président syrien Bachar el-Assad étaient venus applaudir les efforts de l'émir pour faire de Doha une « *capitale mondiale de la culture* ». Pas moins. Construit sur une île artificielle, à soixante mètres de La Corniche, le MIA est un beau bâtiment blanc, sobrement géométrique, imaginé par Leoh Ming Pei, légende vivante, et inspiré, paraît-il, d'une fontaine d'ablution du treizième siècle dénichée à la mosquée Ahmad Ibn Tulun, au Caire. « *L'essence de l'art islamique* » selon le nonagénaire Pei. « *Un phare dressé le long du Golfe parmi d'autres lumières brillantes semées à travers les continents, à travers les capitales de la connaissance* » renchérit la princesse Al-Mayassa, fille de l'émir et de Cheikha Mozah, et patronne du musée. La jeune femme, diplômée de l'Université Columbia de New York, a également convaincu l'acteur américain Robert de Niro de créer à Doha une déclinaison du Tribeca Film Festival, rendez-vous dédié au cinéma d'avant-garde. Comme sa mère, la jeune princesse rêve de modernité et de culture pour son pays. Comme sa mère, elle porte sur les nerfs des conservateurs du régime, ceux qui jugent qu'avec un revenu national de près de trois cents millions de dollars par jour, le Qatar pourrait bien se passer de la connaissance. À la différence de sa mère, néanmoins, la princesse Al-Mayassa porte la stricte abaya qui la couvre de noir, de la tête aux pieds. Mais lorsqu'elle flâne dans les rues de New York, elle ressemble à n'importe quelle Américaine de son âge. À Doha, elle préfère éviter de donner un argument supplémentaire aux intolérants. Elle pense que la culture avancera plus vite sous le hijab.

À l'intérieur du musée, sur cinq niveaux, plus de quatre mille pièces sont exposées, achetées ces dernières années sur toute la planète par un cousin de l'émir qui avait pour mission de réunir la plus belle collection au monde. Pour cela, budget quasiment illimité. Le montant total des chèques tirés directement sur le budget de l'État se serait élevé à plus d'un milliard et demi d'euros. Il se murmure que Cheikh Saoud ne se serait pas privé de réaliser au passage quelques plus-values intéressantes. Aujourd'hui installé à Londres, il attendrait que la colère de l'émir soit retombée.

En sortant du musée, prenez à gauche, traversez le parking, longez La Corniche sur quelques mètres jusqu'à une cabane posée au bord de l'eau, avec sa terrasse branlante, ses tables rafistolées, couvertes de toile cirée, ses éclairages au néon, sa climatisation fatiguée et sa bonne odeur de grillades. Le restaurant n'est généralement fréquenté que par une clientèle masculine, même s'il est tout à fait permis aux femmes d'y venir dîner. Ici, les Qatariens en dishdasha blanche se mélangent aux simples ouvriers qui viennent de tout le monde arabe. Ils jouent aux cartes ou regardent le football à la télévision, en sirotant une limonade à la menthe, en mangeant des brochettes, ou en fumant la chicha. Il ne faut pas désespérer du Qatar. Il existe encore quelques rares endroits comme celui-là qui ressemblent à la vraie vie. On peut craindre, en revanche, qu'ils n'aient pas leur place dans le rêve de l'émir.

XI

NOS MEILLEURS ENNEMIS

L'une des missions du Centre est d'offrir aux journalistes en danger un refuge à Doha. Le Qatar n'accordant pas officiellement le droit d'asile, si ce n'est à quelques dictateurs déchus et à certains chefs terroristes poursuivis, il est convenu que l'accueil de ces journalistes sera temporaire, entre trois et six mois, le temps pour nous de trouver une solution pérenne dans un autre pays. La Qatar Fondation a mis à notre disposition deux villas situées dans la même rue d'un quartier résidentiel à l'ouest de la ville. Les femmes sont logées au numéro 7 et les hommes au numéro 11. Personne n'a jamais occupé la villa numéro 11. Les deux journalistes pour lesquelles nous avons réussi à obtenir un visa provisoire sont deux jeunes femmes, originaires d'Afghanistan et de Somalie.

Nilofar Habibi était une présentatrice de la chaîne de télévision publique locale Herat TV à l'ouest de l'Afghanistan. Agressée à deux reprises pour avoir simplement voulu faire son métier, sa vie est menacée. Elle arrive à Doha le 2 juin 2008. Bisharo Mohammed Waeys était, elle, une présentatrice célèbre de la chaîne de télévision privée Eastern Television Network (ETN) et la dernière femme à exercer le journalisme dans le Puntland, région semi-autonome de Somalie. Le 4 mai 2008, elle est prise sous le feu de plusieurs hommes armés alors qu'elle circule en voiture et échappe de justesse aux balles. Elle reçoit le lendemain des messages la menaçant d'être abattue si elle n'arrête pas de travailler. D'abord réfugiée à Djibouti, puis en Éthiopie, elle rejoint le Qatar le 29 novembre 2008.

Pendant toute la durée de leur séjour à Doha, Nilofar et Bisharo participent aux activités du Centre et notamment, bien sûr, à la préparation de plusieurs missions d'assistance en Afghanistan et en Somalie. De notre côté, nous faisons le nécessaire pour leur permettre de se rendre en France et y obtenir le statut de réfugiées politiques. L'une et l'autre ont gagné Paris au début de l'année 2009. Accueillies à la Maison des journalistes, résidence créée il y a six ans à l'initiative du réalisateur Philippe Spinau et de la journaliste Danièle Ohayon, elles ont pu commencer une nouvelle vie, en gardant l'espoir de regagner un jour leur pays.

En accueillant Nilofar et Bisharo à Doha, nous avons peut-être sauvé deux vies. Mais des dizaines d'autres journalistes sont en danger de mort, en Afghanistan, en Somalie, au Pakistan et ailleurs. Malheureusement pour eux, nous sommes incapables de leur offrir refuge. Car, même en qualité de directeur général, je ne suis pas habilité à signer les demandes de résidence temporaire ni d'ailleurs aucun document officiel au nom du Centre. Mon nom ne figure pas sur la « Computer Card », un morceau de carton plastifié dont toutes les administrations qatariennes font le plus grand cas. Un sésame indispensable pour la moindre démarche. Il était pourtant bien prévu, à la création du Centre, que je bénéficierais du pouvoir de signature. Mais le jour où est établie la fameuse « Computer Card », tout ce petit monde néglige de m'en informer. Et c'est la directrice adjointe, Maryam al-Khater, qui s'enregistre à ma place. Ce qui a d'abord semblé être une broutille et une affaire de paperasserie, va bel et bien nous pourrir la vie. Car, des trois personnes autorisées à demander un visa pour les journalistes en danger, aucune ne bouge le petit doigt.

Le président de notre conseil d'administration, Cheikh Hamad bin Thamer, ne rêve que de nous voir échouer. On ne peut pas davantage compter sur l'aide du ministre de la Culture, des Arts et du Patrimoine, Hamad bin Abdelaziz al-Kuwari. Désigné président du conseil des sages de notre organisation où siègent notamment le chef d'orchestre Daniel Barenboïm, l'actrice américaine Mia Farrow, et l'ancien ministre portugais José Luis Arnaut, Hamad bin Abdelaziz al-Kuwari est ce que l'on doit appeler un second couteau dans la hiérachie du pouvoir qatarien. Un homme affable qui ne prendrait jamais le risque de froisser un membre de la famille al-Thani et, donc, aucune initiative sans l'accord explicite de Cheikh Hamad bin Thamer.

La troisième personne habilitée à signer est donc la directrice adjointe, Maryam al-Khater. On l'a dit, elle nous a été imposée par le cabinet de Cheikha Mozah. La présence d'une Qatarienne à ce poste doit calmer les inquiétudes de ceux qui voient d'un mauvais œil notre présence. Maryam al-Khater prétend avoir étudié la politique internationale à l'Université de Georgetown, aux États-Unis. Elle revendique aussi très fièrement un stage au Congrès américain et un poste au Conseil suprême des affaires familiales. Rien qui prédispose particulièrement à s'occuper de la liberté d'information, mais elle se définit elle-même comme une « haute fonctionnaire ». Elle fait surtout partie de la famille al-Khater, réputée avoir fondé l'ancienne capitale du Qatar, Al-Wakrah, et considérée comme proche du clan al-Thani. L'époux de Maryam al-Khater est d'ailleurs consul du Qatar à Houston.

Nos rapports deviennent rapidement exécrables. Je supporte difficilement de la voir arriver le matin au bureau, suivie d'un chauffeur qu'elle traite comme un chien, chargé de lui porter son sac à main et d'allumer son ordinateur. Il n'est pas concevable pour elle d'atteindre l'interrupteur placé sous le bureau. Une « haute fonctionnaire » ne s'abaisse jamais, même à cela. Heureusement, Maryam al-Khater passe beaucoup de temps chez le coiffeur, au salon de beauté, dans les magasins de luxe, ainsi qu'en voyage. Cela limite nos échanges, toujours houleux. Son idée fixe : obtenir les mêmes prérogatives que moi, en particulier celle de recruter qui bon lui semble. Et, notamment, un de ses amis qatariens pour remplacer Sara Kianpour, notre responsable de la communication qui fait un travail remarquable, mais qu'elle a prise en grippe. Il lui faut aussi une assistante trilingue. Elle refuse en revanche de valider l'embauche de deux journalistes que j'ai recrutés en France. Elle exige de relire les communiqués du Centre avant leur publication et voudrait y apporter des corrections farfelues, sans aucun rapport avec le sujet. Elle ne comprend pas que les employés du Centre travaillent l'après-midi et ne suivent pas les horaires du Comité national des droits de l'homme dont nous partageons les locaux. Notre patience est mise à rude épreuve, mais nous tâchons de faire bonne figure. Nous consacrons même de longs moments, chaque matin, en réunion, à tenter de lui expliquer nos actions.

Le point de non-retour est pourtant atteint quand elle refuse catégoriquement de signer les demandes de visa temporaire pour trois de ces journalistes en danger que nous souhaitons mettre à l'abri. L'un d'entre eux, Khalid Khan, journaliste installé à Peshawar au Pakistan, a été menacé de mort par un chef mafieux local et un chef taliban. Les deux autres, Samiullah Sharaf et Abdul Shokor, étaient, en Afghanistan, ce que l'on appelle dans la profession des « fixeurs », mélange de traducteur, chauffeur et organisateur d'entrevues. Ces hommes et ces femmes sont absolument essentiels à un bon travail en zone de conflit. Aucun envoyé spécial ne saurait se passer de leur savoir-faire, de leur expérience et de leur réseau. Ils sont les artisans de l'ombre des reportages qui font mieux comprendre ces coins du monde si reculés. Ils sont aussi ceux qu'on laisse derrière soi quand le travail est fini. Ils prennent des risques considérables et sont particulièrement exposés aux représailles d'un camp ou de l'autre. Samiullah Sharaf a été enlevé pendant trois mois par les talibans en 2008. Il accompagnait alors le journaliste britannique Sean Langan pour un reportage sur la situation sécuritaire dans la région frontalière avec le Pakistan. Langan a pu rentrer en Grande-Bretagne, Samiullah est, lui, resté en Afghanistan. Il a souffert et souffre encore de troubles psychologiques. Son état est qualifié de « dépressif ». Et Samiullah n'a pas repris ses activités de fixeur, terrorisé par son expérience.

Abdul Shokor a passé plus de quarante jours en détention fin 2008, après avoir été témoin de l'enlèvement de la journaliste canadienne Melissa Fung qu'il accompagnait lors d'un reportage sur les réfugiés en dehors de Kaboul. Soupçonné d'avoir organisé l'enlèvement, il a fallu attendre la libération de la journaliste pour que Shokor et son frère – qui leur servait de chauffeur – sortent de prison. Depuis, les talibans le menacent, ainsi que sa famille.

Pour nous, il ne fait aucun doute que le Centre doit accorder refuge à ces hommes. Pour l'un d'entre eux, nous avons d'ailleurs l'assurance qu'il pourrait rapidement demander l'asile politique au Canada et y retrouver du travail. Mais Maryam al-Khater nous écoute à peine, occupée à pianoter quelque texto sur son téléphone portable. Quand nous lui demandons de signer les dossiers, elle répond qu'elle va réfléchir sur le cas de Khalid Khan. Quant aux deux Afghans, ils ne peuvent bénéficier de l'aide du Centre car ils ne sont pas journalistes. Nous la regardons, interloqués. « *Ils conduisent les journalistes, mais ils ne le sont pas eux-mêmes*, explique-t-elle. *On ne va tout de même pas commencer à s'occuper de tous les "tea boys".* » Nous sommes atterrés.

Le lendemain, nouvelle tentative en faveur de Khalid Khan. Le responsable de l'assistance se prépare seul à plaider sa cause. Elle le reçoit à son bureau, sans l'inviter à s'asseoir. Debout, face à elle, il explique à nouveau l'urgence de la situation et la gravité des menaces. Elle prétend qu'elle doit encore réfléchir. Il insiste et fait valoir que le passeport du journaliste pakistanais est sur le point d'expirer et que, dans sa situation, il lui sera difficile de le faire renouveler. Il vit caché, avec sa famille, depuis plusieurs mois. « *Je vous ai dit que j'y réfléchirai. J'ai d'autres priorités* » répond-elle en lui faisant signe de déguerpir. « *Quelle autre priorité pourrions-nous avoir que de sauver des journalistes qui risquent leur vie ?* » demande-t-il, médusé. De nouveau, elle agite les bras pour lui intimer l'ordre de s'éloigner. « *Je vous ordonne de me respecter. Partez ou j'appelle la sécurité.* »

Outrés et à bout de patience, les collaborateurs du Centre rédigent aussitôt une motion de défiance :

« *En refusant de donner son accord aux demandes d'accueil temporaire pour trois journalistes gravement menacés dans leurs pays d'origine, Mme Maryam al-Khater, directrice adjointe du Centre de Doha pour la liberté d'information, n'a pas seulement mis en danger la vie de ces professionnels de l'information, elle a également démontré le mépris qu'elle porte au travail des employés du Centre.*

Chacune des demandes d'assistance que nous soumettons à notre hiérarchie fait l'objet, par nous et au préalable, d'une instruction diligente et scrupuleuse fondée sur notre expérience et notre connaissance des situations souvent complexes où les journalistes se trouvent menacés.

Chacun d'entre nous a accepté de rejoindre le Centre de Doha pour une raison et une raison seulement : avoir la possibilité de porter assistance à des confrères persécutés, menacés ou en difficulté.

Les pratiques et la conduite de Mme Maryam al-Khater sont inacceptables et indignes de la fonction qu'elle occupe au sein du Centre de Doha pour la liberté d'information. Nous refusons dès lors et à compter de ce jour de reconnaître son autorité et sa compétence à superviser notre travail. »

Je décide, pour ma part, de présenter ces dossiers directement au président de notre conseil d'administration. Je suis furieux de la tournure des événements et lui explique que je ne tolérerai pas que le travail de mon équipe soit ainsi entravé et que les engagements pris par Cheikha Mozah soient par la même occasion bafoués. Une amie qui connaît bien les usages du pays me dira plus tard, en souriant, qu'il avait sans doute compris, en voyant ma colère, que je sollicitais une augmentation de salaire... Comme à son habitude, Cheikh Hamad bin Thamer évoque un autre rendez-vous urgent et promet de faire lire les demandes par son cabinet. Il ne signera jamais les documents. Khalid Khan, Samiullah Sharaf et Abdul Shokor restent livrés à eux-mêmes.

XII

PRIS EN OTAGE

Nous dînons ce soir-là avec un aréopage d'expatriés francophones, chez l'un d'entre eux. Chacun a sa petite histoire. La jeune Française n'a eu aucun mal à trouver du travail, munie de son diplôme d'ingénieur en pétrochimie ; l'expert suisse en placements défiscalisés a triplé son salaire en venant à Doha. L'homme d'affaires libanais nous explique qu'il attend depuis six mois de signer un contrat de plusieurs millions de dollars. Un autre s'inquiète de la nouvelle loi promulguée par l'émir, interdisant désormais le recrutement d'une main-d'œuvre étrangère dans les ministères. Le décret de qatarisation prévoit également une revalorisation des salaires et des allocations versés aux seuls citoyens : l'indemnité d'ameublement est portée à plus de six mille dollars, et la « prime sociale » fixée à un peu plus de mille dollars par mois. Les uns et les autres sont célibataires, sauf Philippe, le Belge, venu à la soirée avec sa très belle épouse, Els, et ses deux enfants, Ralph, sept ans, et Roxane, neuf ans, aussi blonde que sa mère. Quand il ne joue pas avec eux, Philippe se tient serré contre sa femme, il l'embrasse discrètement sur l'épaule. Il suit distraitement les conversations. Il semble ailleurs. On le comprend. Le lendemain, Els, Ralph et Roxane doivent reprendre l'avion pour Bruxelles. La semaine de vacances au Qatar est finie. Cette réunion de famille n'est qu'une parenthèse dans le long cauchemar de Philippe, otage au Qatar depuis des mois.

Tout commence en 2008 quand Philippe Bogaert, spécialiste de la communication événementielle, âgé de trente-sept ans, croit avoir décroché une formidable opportunité professionnelle. L'agence de conseil dont il est salarié, la société belge Dialogic, vient de signer un énorme contrat pour mettre à flot la première édition du Qatar Marine Festival, manifestation consacrée aux traditions maritimes ancestrales du pays. En avril, Philippe débarque à Doha pour une mission censée durer quelques mois à peine. Mais la filiale qatarienne de Dialogic fait face à des difficultés, en raison notamment de factures impayées par le Comité officiel d'organisation du festival. En juillet, Philippe accepte de prendre la direction de l'entreprise et de mettre de l'ordre dans les comptes. Quelques jours plus tard, le festival résilie son contrat sans payer la note. « *J'ai voulu entamer une procédure contre les organisateurs, mais nos actionnaires ont jugé la procédure trop coûteuse et ont décidé de ne pas se défendre* » raconte Philippe Bogaert. L'actionnaire majoritaire est, en réalité, comme la loi l'impose, un citoyen qatarien. Une profession en soi, vu la quantité d'investissements en cours dans le pays. Nombreux sont ceux qui cumulent ainsi, sans aucune qualification et, naturellement, sans investir le moindre riyal, leurs participations dans divers business au titre de « partenaire local ». S'ils ont, en plus, un emploi tranquille de fonctionnaire, c'est encore mieux. Ils ne se gênent pas pour utiliser et monnayer quelques passe-droits. Nous eûmes la surprise, un jour, de croiser au cabinet de Cheikha Mozah un jeune homme discret qu'on nous présenta comme l'assistant du directeur de cabinet. Nous n'aurions sans doute prêté aucune attention à lui s'il n'avait précisé son nom, Farukh Azad. Ce garçon tout à fait inconsistant était en réalité le fameux « partenaire local » de notre ami Philippe. La cause de tous ses soucis. Car, non content de s'opposer à une procédure en recouvrement contre les organisateurs du festival, il accuse Philippe d'avoir perdu le contrat et lui réclame plus de trois millions d'euros de dédommagement, soit le montant des dettes cumulées. Invraisemblable du point de vue du droit, mais la loi qatarienne réserve bien des surprises et repose essentiellement, mieux vaut le savoir, sur le principe que les étrangers ont toujours tort.

Pour quitter le pays, Philippe Bogaert a besoin d'un permis de sortie signé par son partenaire. Mais celui-ci deviendrait alors responsable des dettes. Il refuse donc de parapher le document. De son côté, le ministère de l'Intérieur assure que Philippe sera libre de partir dès que la procédure judiciaire sera close, dans quelques mois, inch'Allah. Le procès s'est ouvert au début de l'année 2009 et les audiences maintes fois reportées, en raison de l'absence de Farukh Azad. Entre-temps, dans un autre procès, Philippe a été condamné à trois ans de travaux forcés pour avoir émis des chèques sans provision. Il est courant au Qatar, notamment pour garantir des loyers, de remplir des chèques, jusqu'à un an à l'avance. Bien sûr, au moment de les signer, Philippe ignore que la société va faire faillite et que sa signature l'engage au-delà du raisonnable. Il a bien évidemment fait appel de cette condamnation mais, en attendant, il a dû solliciter la générosité de ses amis pour payer ses frais d'avocat. Pour couronner le tout, Farukh Azad a déclenché une troisième procédure contre Philippe. Au motif que ce dernier a cité son nom sur un blog intitulé *Hostage in Qatar* destiné à attirer l'attention sur sa situation. Il lui réclame désormais dix millions d'euros pour diffamation. Décidément, ce jeune homme, d'origine pakistanaise et naturalisé qatarien en 2006, a tout compris des privilèges que lui confère sa nouvelle nationalité.

Sans ressources, sans permis de travail, Philippe a été recueilli par l'ambassadeur de Belgique au Qatar qui a mis une chambre à sa disposition dans sa résidence mais se garde bien de toute initiative intempestive auprès des autorités qatariennes. La défense d'un ressortissant ne vaut pas qu'on irrite les proches de l'émir, propriétaire de centaines d'hectares de terre en Belgique. Pour survivre, Philippe donne quelques cours de natation et, excellent musicien amateur, joue du piano dans des bars et hôtels de Doha où il ne reçoit que des pourboires. On connaît peu de gens qui, dans cette situation, conserveraient espoir et sourire. Philippe a su garder les deux pendant longtemps. Mais, en septembre 2009, il paraît évident que les choses ne s'arrangeront pas, au contraire. La seule solution est de s'évader. Grâce à quelques complices, Philippe réussit à s'enfuir. Caché sur un bateau, il gagne le Yémen, puis la Belgique. Cette évasion lui a, bien sûr, ôté toute chance de demander réparation pour le préjudice subi. Pendant près d'un an, il a été retenu contre sans gré, sans jugement, privé de ressources, séparé de sa famille, dépouillé de toutes ses économies.

Le cas de Philippe n'est pas isolé. Heidi, journaliste allemande venue au Qatar pour participer au lancement de la chaîne anglaise Al Jazeera en 2006, est également retenue dans le pays pendant des mois. Employée par la Qatar Football Association dirigée par un membre de la famille royale, elle s'est vu retirer son permis de sortie suite à son licenciement. L'employeur avait pris soin de prévenir sa banque qui a exigé le paiement immédiat d'un crédit en cours. Dans l'impossibilité de rembourser la somme, elle s'est retrouvée prisonnière du système ubuesque en vigueur au Qatar. Moins chanceuse que Philippe, elle doit même payer un loyer pour être hébergée à l'ambassade d'Allemagne.

Un homme d'affaires britannique, originaire du Pakistan, a eu la malheureuse idée d'investir un million de riyals (environ deux cent mille euros) dans la création d'une société à Doha. En mars 2009, une fois les papiers établis, son partenaire qatarien a exigé un million supplémentaire. L'Anglais a refusé. Le Qatarien lui a retiré son permis de sortie.

Deux collaboratrices du Centre se sont vu elles aussi refuser la sortie du pays alors qu'elles m'accompagnaient, l'une à un rendez-vous avec la ministre de l'Information du Bahreïn et l'autre à une réunion avec des représentants de l'Onu à Beyrouth. Dans leur cas, fort heureusement, l'affaire s'est réglée rapidement, mais la directrice adjointe du Centre, Maryam al-Khater, qui avait signé les documents pour s'opposer à leur départ, avait ainsi trouvé le moyen de rappeler le pouvoir qu'elle détenait. Inutile de préciser qu'être interpellé à la frontière et empêché de monter dans un avion est pour le moins traumatisant

En raison de mes activités à la tête de Reporters sans frontières, il m'est interdit d'entrer dans un certain nombre de pays. En Chine, en Algérie, au Burkina Faso, en Turquie, en Tunisie, à Cuba... Compte tenu des raisons qui me valent d'être sur la liste noire de ces États, j'en tire une certaine fierté. Mais, pour la première fois de ma vie, au Qatar, j'ai craint certains jours de ne pouvoir repartir d'un pays. J'avais beau me dire qu'ils n'oseraient pas aller aussi loin, les témoignages autour de moi m'incitaient à rester prudent et à redouter le pire.

L'histoire de ces expatriés coincés au Qatar et livrés à eux-mêmes, sans réel soutien de la diplomatie de leur pays, ne semble pas beaucoup intéresser les journalistes qui prétendent enquêter sur l'émirat. Je ne suis pas assez naïf pour croire qu'ils n'en ont pas entendu parler. J'ai eu honte pour cette profession que je respecte et que je m'acharne à défendre en regardant le reportage diffusé sur M6 en juillet 2009 ne présentant que l'aspect ludique de la vie des Français installés à Doha. La charmante jeune femme détachée de l'ambassade de France afin de réaliser les programmes francophones de la radio QBS ou Alban de Mieulle, l'entraîneur des chevaux demi-sang arabes de Cheikh Abdullah bin Khalifa al-Thani, le frère de l'émir, mènent tous les deux une existence dorée au Qatar. On ne doute évidemment pas de leur sincérité quand ils parlent de leur « vie de rêve » mais on peut trouver assez minable qu'ils aient tous deux exprimé le souhait de ne pas me voir interviewé dans la même émission qu'eux. Et pitoyable que le journaliste, auteur du sujet, ait cru bon de faire semblant de m'interroger pendant plus d'une heure, sachant pertinemment qu'il ne garderait rien de mes propos au montage. Il est vrai que j'ai, sur la vie au Qatar, un discours discordant. La présentatrice, en annonçant le reportage, a pu tranquillement parler du Qatar comme d'un « *véritable paradis aux yeux des expatriés français qui y vivent* ». Et d'ajouter que Doha était « *un nouveau jardin d'Éden* ». Un brin exagéré...

Dans la même veine, le reportage diffusé début 2009 dans l'émission *Envoyé Spécial* et consacré aux « beurs » diplômés qui ont tant de mal à trouver un emploi en France et que le Qatar accueillerait à bras ouverts. Cette vision est pour le moins biaisée. Comment s'étonner que la maîtrise de l'arabe soit davantage un atout professionnel dans un pays du Golfe qu'à Bagnolet ? Sans oublier que le taux de chômage au Qatar n'est officiellement que de 0,5 %. Évidemment il y a du travail ! Mais il faut ajouter que le jour où vous perdez votre emploi, vous êtes gentiment prié de rentrer chez vous...

On pourrait citer encore une émission de Canal Plus où la reporter, Maïtena Biraben, rendait compte avec émerveillement des « *choix exemplaires de la politique qatarienne en matière d'éducation* ». « *Le Qatar a choisi d'investir dans l'être humain* » concluait-elle sans hésiter. La réalité est peut-être un peu plus complexe.

Depuis quelques mois, la télévision et les journaux français ont copieusement contribué à faire la promotion du miracle économique qatarien et à renforcer l'image d'un émirat à la pointe de la modernité. Pour un peu, Cheikh Hamad serait devenu un démocrate et Doha la capitale mondiale des droits de l'homme. Avec cinq cent neuf trillions de mètres cubes de gaz naturel en réserve, le pays est certainement engagé dans une phase de prospérité. Mais cela ne tient sûrement pas du miracle ou d'un quelconque talent de visionnaire. Quant à la modernité, nous n'avons cessé de vérifier qu'elle avait ses limites. Mais peu de médias paraissent vouloir s'employer à les mettre en lumière. Un correspondant de l'agence Reuters eut même un jour la naïveté de nous annoncer la couleur. Il voulait m'interviewer sur l'action du Centre mais souhaitait « *uniquement des choses positives* ». On l'avait peut-être mal renseigné sur moi.

Les mésaventures de Philippe et d'autres expatriés piégés au Qatar sont un avertissement à celles et ceux qui seraient appâtés par le mirage. Salaire confortable, impôts inexistants, villa agréable et soleil toute l'année. Selon une étude internationale publiée en juin 2009, les expatriés du Qatar sont parmi les plus aisés au monde[1]. Un quart d'entre eux gagnerait plus de deux cent mille dollars par an. Avec un prix à payer : être à la merci du *sponsor*, celui ou celle qui détient le pouvoir de vous garder en otage au

1. Le Qatar se place en deuxième position, derrière la Russie, selon une enquête menée entre février et avril 2009 par la banque HSBC auprès de trois mille cent expatriés travaillant dans vingt-neuf secteurs d'activité.

Qatar. Ingénieur en raffinerie ou ouvrier sur un chantier, la procédure est la même pour obtenir un permis de résidence. Le *sponsor*, citoyen qatarien, doit signer la demande transmise au ministère du Travail. Dans la plupart des cas, employeur et *sponsor* sont la même personne. Pourtant, le *sponsoring* d'une main-d'œuvre généralement peu qualifiée et mise à disposition des entreprises locales est devenu un business prospère pour certains qatariens. Ils empochent ainsi un revenu régulier sans investir un riyal.

Le système en vigueur au Qatar et dans la plupart des pays de la région est appelé kafala, en référence aux règles islamiques s'appliquant en matière d'adoption. Tout travailleur étranger est ainsi « sous tutelle », comme un enfant. Le *sponsor* se porte garant des moindres faits et gestes des expatriés placés sous sa responsabilité. En théorie, si le travailleur quitte le pays en laissant des dettes, le *sponsor* est tenu de les honorer. Un tel cas de figure se présente rarement. Pour se prémunir contre ce risque, la confiscation du passeport, théoriquement interdite par la loi, est encore fréquemment pratiquée. Sans aller jusque-là, l'étranger devra, pour quitter le pays, obtenir un permis de sortie. Les plus chanceux bénéficient d'une autorisation d'entrer et de sortir aussi souvent que nécessaire, valable pour un an. Sans que cela soit une assurance de liberté puisque, comme en ont fait l'expérience deux collaboratrices du Centre, l'autorisation peut être révoquée à tout instant. Enfin, durant toute la durée d'un séjour au Qatar, le moindre contrat doit être approuvé et validé par le *sponsor*. Qu'il s'agisse de louer un appartement ou une voiture, de souscrire un abonnement téléphonique, d'ouvrir un compte à la banque ou même de demander une licence pour accéder au comptoir des alcools, l'étranger doit demander la permission expresse de son « bienfaiteur ». Vu avec bienveillance, le système est pour le moins infantilisant. Si l'on préfère appeler les choses par leur nom, il s'agit ni plus ni moins d'une forme moderne d'esclavage.

Avant de recevoir son permis de séjour, l'étranger doit également se soumettre à une visite médicale, consistant en un rapide examen, une radiographie des poumons, et une analyse de sang visant à détecter le virus du sida, motif de renvoi immédiat. La personne testée séropositive est immédiatement extradée et son employeur sera prévenu du motif de la décision par un courrier du ministère. On ne s'embarrasse pas beaucoup du secret médical. Officiellement, le sida n'existe pas au Qatar. Un gynécologue installé à Doha nous a cependant confirmé avoir lui-même constaté plusieurs cas de contaminations de travailleurs immigrés pourtant testés négatifs à leur arrivée dans le pays. Une fois repérés, ils sont, là encore, prestement renvoyés dans leur pays. Le même médecin nous a confié que les Qatariens n'étaient pas épargnés. Ils bénéficient alors discrètement des traitements adaptés et, si leur état de santé se dégrade, ils vont généralement chercher les meilleurs soins disponibles à l'étranger. Dès lors, quelle est l'utilité de ce test de dépistage ? De l'avis de ce gynécologue, la recherche d'anticorps au VIH n'est qu'un prétexte à la prise de sang. Les autorités conservent ainsi un fichier ADN de tous les étrangers présents au Qatar afin de faciliter leurs enquêtes de police.

XIII

RETRANCHÉS À LA VILLA N° 7

Quand il devient évident que nous ne serons plus en mesure d'accueillir de nouveaux réfugiés et que les relations entre l'équipe et mon adjointe, Maryam al-Khater, ne sont plus tenables, je décide de quitter les locaux que nous partageons avec le Comité national des droits de l'homme. Nous nous installons alors dans l'une des deux villas prévues pour l'accueil des journalistes, au numéro 7 d'une rue sans nom. Nous déménageons en une soirée, n'emportant que le nécessaire, nos ordinateurs, quelques fournitures et surtout les dossiers d'assistance, une pile de classeurs jaunes où nous gardons la trace des dizaines de bourses déjà accordées à des journalistes ainsi qu'à des médias en difficulté. Dans les heures les plus pénibles de notre aventure au Qatar, la pensée de toutes les demandes de soutien reçues du monde entier nous a toujours encouragés. La notoriété du Centre grandit et nous devons rester concentrés sur les appels au secours envoyés de Somalie, du Pakistan, d'Afghanistan, de Cuba ou de Birmanie. Le budget alloué pour la première année de fonctionnement du Centre nous permet de soulager la famille d'un journaliste assassiné à Bagdad, de prendre en charge les frais médicaux d'une reporter blessée par balles au Mexique, de payer l'avocat d'un patron de presse gambien poursuivi pour avoir dénoncé la corruption du pouvoir, ou encore de venir en aide aux stations de radio d'Haïti dévastées par le passage d'un cyclone. Les collaborateurs du Centre vont en personne apporter une aide financière quand il est impossible de la faire parvenir par des moyens classiques. Ces missions, à Cuba ou en Birmanie notamment, sont périlleuses et demandent une préparation minutieuse. Nous organisons également des missions d'enquête, indispensables pour établir la vérité ou évaluer les besoins. Nous allons vérifier, au Soudan ou en Israël, le rôle des médias dans le processus de paix, tenter, en Haïti, de comprendre pourquoi le meurtre de Jean Dominique reste impuni depuis neuf ans, investiguer, au Mexique, où plus de cinquante journalistes ont trouvé la mort depuis 2000. Enfin, nous mettons en place des structures inédites et formidablement utiles, comme une agence de presse somalienne, basée à Djibouti, ou un centre de presse indépendant à Gaza.

Maryam al-Khater, furieuse de notre départ, met tout en œuvre pour nous rendre la vie impossible. Elle continue d'animer une sorte de Centre parallèle, depuis les locaux que nous avons quittés, dont la principale activité est de propager les pires rumeurs à notre sujet et d'user de ses relations dans le pays pour nous gêner. Comme elle détient toujours officiellement le pouvoir de signature au nom de l'organisation, nous sommes dans l'impossibilité d'accomplir la moindre démarche, comme l'installation d'une ligne téléphonique ou d'une connexion à Internet. Nous utilisons nos portables et, par chance, un voisin de la villa a oublié de sécuriser son routeur sans fil. En nous rapprochant du mur, nous avons une chance de pouvoir relever nos e-mails. Trois employés du Centre attendent maintenant depuis des semaines de voir leur embauche régularisée. Leurs dossiers ont été gelés et nous sommes impuissants. Contraints de verser leurs salaires en liquide, dans la plus parfaite irrégularité.

Cheikh Hamad bin Thamer, pour sa part, tente de nous imposer un nouveau règlement intérieur, au mépris des statuts votés par le conseil d'administration. Son objectif? Contrôler la parole et l'action du Centre en soumettant la publication du moindre communiqué et l'octroi des bourses d'assistance à son approbation préalable. Il n'en est pas question.

Malheureusement, toutes nos demandes de rendez-vous au cabinet de Cheikha Mozah restent sans réponse. Elle est pourtant la seule capable de dénouer la situation et de nous donner les moyens de faire ce pour quoi elle nous a demandé de venir. Je décide alors de publier sur notre site Internet une lettre ouverte où je demande à la première dame de rester la garante des principes et des valeurs qui ont présidé à la création du Centre.

« *Votre Altesse,*

J'ai appris avec effroi, il y a quelques jours, l'assassinat d'un jeune journaliste afghan dans la ville de Kandahar. Alors qu'il circulait en voiture, un second véhicule lui a barré la route et l'un de ses occupants a vidé son arme à feu sur lui. Il s'appelait Javed Yazamy, était âgé de vingt-trois ans et accompagnait régulièrement les envoyés spéciaux de plusieurs autres médias occidentaux lors de leur séjour dans le pays. Son identité était connue des talibans puisqu'il avait aidé à maintes reprises des journalistes étrangers à les rencontrer dans le cadre de leurs reportages. Menacé, il avait déposé une demande pour se réfugier au Canada.

Nous ne pouvons malheureusement plus rien faire pour Javed Yazamy, si ce n'est apporter une aide financière à sa famille. Le Centre de Doha s'y emploie. Mais nous avons la responsabilité de mettre à l'abri d'autres journalistes également menacés. Nous devons les accueillir à Doha. La structure d'accueil du Centre est faite pour cela. Mais, en dépit de la gravité de la menace qui pèse sur plusieurs de ces journalistes et de nos appels répétés depuis des mois, nos interlocuteurs qatariens refusent toujours de leur accorder les visas nécessaires.

C'est pourtant l'une des missions du Centre que d'offrir une protection aux journalistes avant qu'il ne soit trop tard. J'ignore les raisons pour lesquelles ces responsables qatariens s'opposent à accorder un refuge temporaire à des hommes et des femmes menacés de mort. C'est une question qu'ils doivent régler avec leur conscience. Mais je ne sacrifierai rien des principes qui fondent le Centre de Doha, et ne renoncerai à aucun des engagements que j'ai pris et que vous avez pris à la création du Centre. Son existence perd tout son sens si nous n'avons pas les moyens d'agir pour sauver ces vies. Rien n'est plus important.

Depuis des mois maintenant, certains autour de vous et d'autres que vous avez nommés à la tête du Centre s'acharnent à nous mettre des bâtons dans les roues, tentent par tous les moyens de limiter notre indépendance, notre liberté d'action et de parole, et donc notre crédibilité. Ce n'est plus tolérable. Aussi, je vous demande solennellement de faire respecter et d'être le garant de ces valeurs et de ces principes qui ont présidé à la création du Centre et devraient être une fierté pour le Qatar. »

Personne n'a jamais fait une chose pareille, s'adresser publiquement à Son Altesse, encore moins dénoncer haut et fort les basses manœuvres de plusieurs personnalités dans les premiers cercles du pouvoir, et mettre en lumière le poids des forces conservatrices dans ce pays qui aime tant cultiver son image de modernité. Mon initiative fait grand bruit. Quelques-uns, en privé, saluent mon courage et ma détermination. Le directeur d'un quotidien me confie qu'il soutient ma démarche mais qu'il risquerait sa place à le dire publiquement. Beaucoup jugent que j'ai franchi la ligne rouge et appellent à ma démission. Cheikha Mozah, elle, s'amuse de l'audace et, le plus important, me fixe un rendez-vous, le 1er avril. Sans doute aurais-je dû me méfier davantage d'une telle date.

Trop beau pour être vrai. En un peu plus d'une heure, Son Altesse promet de régler tous les problèmes. Elle semble surprise d'apprendre que je ne dispose pas de la signature officielle et que nous devons nous en remettre à la bonne ou mauvaise volonté de la directrice adjointe ou de Cheikh Hamad bin Thamer, le tout-puissant patron d'Al Jazeera, pour la moindre formalité. Elle m'assure que le nécessaire sera fait au plus vite pour remédier à la situation. Elle s'engage également à trouver rapidement une nouvelle affectation à Maryam al-Khater. Impensable de la remercier. Son incompétence et sa malveillance vont donc lui valoir une promotion. Naturellement, précise Cheikha Mozah, je suis libre de choisir un nouveau directeur adjoint, pourvu qu'il soit qatarien. Elle assure que le règlement intérieur voulu par Cheikh Hamad bin Thamer sera tout simplement oublié. Et, se tournant vers le directeur juridique de son cabinet pour vérifier qu'il a bien pris note de tout cela, elle insiste pour que le nouveau budget du Centre soit versé sans tarder, l'année fiscale commençant le jour même. Je lui fais remarquer que certaines de nos prises de position ou de nos méthodes, si peu conformes aux usages du pays, nous ont valu l'hostilité d'un bon nombre de ses sujets et que je suis bien conscient de la situation difficile dans laquelle cela risque de la placer. En souriant, elle m'assure qu'elle compte sur nous pour continuer à repousser les limites et parler avec franchise. Elle savait, en me confiant cette mission, que nous bousculerions un ordre établi. C'est au fond aussi difficile de faire progresser la liberté de la presse au Qatar que de favoriser l'émancipation des femmes ou de moderniser le système éducatif. Cheikha Mozah est sur tous ces fronts à la fois et elle a bien conscience des forces de résistance qu'il faut affronter, du poids de l'héritage d'une culture bédouine au sein d'une population de deux cent mille personnes qu'aucune contrainte économique ne pousse à remettre en question leur manière de vivre ou leur façon de penser.

Avant de conclure notre entretien, l'épouse de l'émir me fait la promesse que le Pacte international relatif aux droits civils et politiques des Nations unies, dont l'article 19 consacre la liberté d'opinion, d'expression et d'information, sera ratifié avant la Journée mondiale de la liberté de la presse, le 3 mai suivant. Elle s'engage aussi à permettre rapidement la formation de la première association de journalistes au Qatar.

Je ressors de son bureau rassuré et confiant, même si je n'ignore pas que d'autres procès en sorcellerie nous seront intentés Nous allons être servis.

XIV

ESCLAVAGE MODERNE

Depuis 1949, et la découverte des gisements pétroliers, la population du Qatar a été multipliée par cinquante. Les étrangers représentent environ 85 % de la population totale et 100 % des ouvriers, pour la plupart venus d'Asie du Sud et du Moyen-Orient. Si, selon une enquête publiée en 2009, le Qatar se trouve à la quatrième place au monde pour le nombre d'heures travaillées par semaine en moyenne, ce n'est certainement pas grâce aux nationaux.

L'une des conséquences les plus frappantes de cet afflux de main-d'œuvre étrangère est un déséquilibre des sexes. Les hommes sont quatre fois plus nombreux que les femmes, selon l'Institut national de la statistique. Les mâles sont au nombre de 1 247 844 et le nombre des femmes n'atteint que 349 908, selon les chiffres officiels.

La situation n'est pas propre à l'émirat. Elle se retrouve, quasiment à l'identique, dans tous les pays du Golfe. Le ministre du Travail de Bahreïn, Majeed Al-Alawy, est l'un des rares à mettre en garde ouvertement contre les risques qu'elle fait courir. Pour lui, la présence d'environ dix-sept millions de travailleurs étrangers dans la région constitue un « *danger plus grave qu'une bombe atomique* ». « *Je n'exagère pas, le nombre atteindra trente millions d'ici à dix ans* » continue-t-il. Et il n'hésite pas à traiter les « *populations de souche* » de « *paresseux* » et d'« *enfants gâtés* ». « *Un milliardaire britannique lave lui-même sa voiture le dimanche matin, alors que les habitants du Golfe ont besoin de quelqu'un pour leur tenir un verre d'eau quand ils parcourent quelques mètres* » affirme-t-il.

Travailler au Qatar nuit gravement à la santé mentale. Le docteur Suhaila A. Ghuloum, responsable du département de psychiatrie à l'hôpital Hamad, fait elle-même ce constat alarmant. Ces dernières années, elle a enregistré une augmentation significative des admissions d'ouvriers souffrant de dépression ou de troubles du comportement. « *Ces personnes sont amenées par des collègues ou par la police qui les trouve parfois errant dans les rues, totalement désorientées*, explique la psychiatre. *Quand des difficultés financières s'ajoutent à la pénibilité du travail et à des conditions de vie misérable, le niveau de stress atteint son maximum. Les plus concernés sont ceux qui viennent d'arriver et qui voient leur espoir d'une vie meilleure s'effondrer. Certains ont peut-être des antécédents psychiatriques, mais ils n'en ont évidemment rien dit, de peur de perdre leur boulot.* » Le docteur Ghuloum ajoute que la plupart de ces patients sont renvoyés dans leur pays dès qu'ils sortent de l'hôpital. « *Leur* sponsor *ne veut pas les garder* » dit-elle en précisant qu'un groupe de travailleurs sociaux est chargé de les suivre jusqu'à leur rapatriement et de veiller à ce que tous les salaires leur soient bien versés.

Les Népalais sont la première communauté d'expatriés au Qatar : ils sont plus de cent cinquante mille, travailleurs non qualifiés à 95 %. Ils étaient seulement quatre cents en 1994. Leur nombre ne cesse d'augmenter. Ils arrivent par avions entiers, débarquent, hagards, à l'aéroport de Doha et sont rapidement mis à bord d'un bus qui les emmène vers leur campement. En échange d'un contrat de travail de trois ans renouvelable, ils ont versé jusqu'à deux mille dollars à des entreprises de recrutement de Katmandou. Avec un salaire ne dépassant généralement pas trois cents dollars par mois, il leur faudra au moins un an pour rembourser leur dette. Certains abandonnent la religion hindoue et se convertissent à l'islam dans l'espoir d'un salaire meilleur ou simplement pour se faire bien voir de leur employeur. Le nombre de ces conversions, plus de deux mille au Qatar, a conduit le ministre népalais des Affaires étrangères, Upendra Mahato, à réagir. L'ambassade de son pays à Doha est chargée d'enquêter sur le phénomène et d'établir si les ouvriers ont subi des pressions.

Le salaire minimum n'existe pas au Qatar. En revanche, le droit de grève est prévu par la loi, mais les restrictions sont telles qu'il est pratiquement impossible à exercer.

En décembre 2006, cent cinquante travailleurs népalais d'une entreprise d'alimentation ont fait grève. Ils entendaient dénoncer des horaires de travail démentiels qui ne donnaient lieu à aucune compensation salariale. En guise de réponse, l'employeur a accusé de vol trois des employés protestataires qui ont été conduits dans un centre de détention, avant d'être expulsés du pays. Les syndicats sont théoriquement autorisés, mais ils sont réservés aux Qatariens et soumis à l'autorisation du pouvoir. La durée hebdomadaire du travail est fixée à quarante-huit heures, réparties en six journées. Les heures supplémentaires sont généralement payées avec retard. L'interdiction de faire travailler les ouvriers sur les chantiers entre onze heures trente et quinze heures trente du 15 juin au 31 août, quand la température à l'ombre dépasse les quarante-cinq degrés, n'est pas toujours respectée, et les menaces de sanction brandies par le ministère du Travail rarement mises à exécution. Quand la mesure est appliquée, les travailleurs, entièrement dépendants du transport organisé par leur employeur, n'ont souvent qu'un abri de toile à leur disposition pour se protéger de la canicule pendant cette longue pause de la mi-journée.

La chaleur et la démesure des chantiers imposent que l'activité batte son plein de nuit comme de jour. Le ballet des bétonneuses et des ouvriers ne s'arrête jamais. Les Népalais se relaient sans cesse au pied des tours en construction. Ils sont amenés et reconduits à bord d'antiques autobus scolaires réformés. De couleur jaune, certains ont gardé l'inscription « School Bus » sur leur fronton. La plupart de leurs nouveaux passagers n'ont quasiment jamais mis les pieds à l'école. À la fin de leur pénible journée de travail, les ouvriers regagnent les baraquements où ils sont logés. À la périphérie de Doha, ils sont regroupés dans un quartier baptisé Industrial Area.

L'endroit n'est pas très accueillant, les routes sont mal entretenues, il n'y a ni trottoir ni verdure, quelques dépotoirs à ciel ouvert bordent le chemin. Le chauffeur à qui nous avons demandé de nous conduire à Industrial Area recommande de rentrer avant la tombée de la nuit. Il n'y a pas d'éclairage public dans le secteur. Nous nous garons à l'entrée d'un de ces « camps de travailleurs » et, franchissant à pied le portail, nous faisons mine de ne pas remarquer les deux gardiens installés dans leur guérite. Ils nous rattrapent prestement et nous expliquent que l'entrée est interdite aux étrangers. Nous leur racontons des histoires, ils hésitent, ne comprennent pas bien ce que ces touristes viennent faire dans le quartier, nous leur tendons une carte d'identité française, ajoutant à leur confusion devant un document dont ils ignorent la signification. Ils nous laissent finalement poursuivre. Les bâtiments sont alignés, parallèles, sur un immense terrain. Certains paraissent abandonnés. Ou peut-être en cours de construction ? Les ouvriers ont repéré notre arrivée et nous observent, étonnés. Nous pénétrons à l'intérieur. De part et d'autre du couloir central, les portes des chambres se succèdent, ouvertes pour la plupart. Nous passons devant la salle d'eau commune, puis devant la grande cuisine où quelques ouvriers s'affairent devant des réchauds. Les équipements sont vétustes, le confort plus que rudimentaire, mais la propreté ne fait pas de doute. Les locataires prennent soin des lieux. Nous engageons la conversation avec un vieil homme qui nous invite à visiter la chambre qu'il partage avec sept autres ouvriers. Quatre lits superposés et une table composent le mobilier de la pièce d'une vingtaine de mètres carrés. La climatisation ne date pas d'hier mais elle fonctionne, de même que le poste de télévision. Au mur, quelques posters de stars de Bollywood apportent un peu de couleur et l'illusion de présences féminines dans un univers entièrement masculin. Le vieil homme nous dit qu'il est originaire du nord de l'Inde et qu'il travaille et vit ici depuis vingt-huit ans. Il retourne voir sa famille tous les deux ans. Il a une femme et six enfants, là-bas, au pays. Il leur envoie tous les mois une grosse partie de son salaire. Il touche un peu plus de deux cents dollars. Jamais il n'aurait pu espérer gagner autant en Inde. Pendant que nous parlons, un groupe de Népalais s'est formé devant la porte de la chambre. Ils sont intrigués par notre présence, inquiets peut-être. Nous prenons congé. À quoi pouvait bien ressembler le Qatar, vingt-huit ans auparavant ?

Nous visitons un autre campement, construit en étage celui-là. L'organisation y est sensiblement la même. On lit et on entend beaucoup de choses sur les conditions de vie des travailleurs immigrés dans les pays de la région. Nous avons trouvé sur un site Internet des photos montrant des choses absolument épouvantables, des dizaines d'ouvriers entassés dans une pièce crasseuse et infestée de cafards. La légende du cliché précisait qu'il avait été pris à Dubaï. Ce que nous avons vu, à Industrial Area, dans la banlieue de Doha, n'est pas aussi dramatique, loin s'en faut. On pourrait même supposer que ces travailleurs n'auraient pas davantage de confort s'ils étaient restés dans leur pays. On ne peut néanmoins s'empêcher de penser qu'un pays qui s'enorgueillit d'avoir le PIB le plus important par habitant pourrait faire davantage d'efforts pour mieux traiter ces hommes qui construisent de leurs mains la clinquante façade de l'émirat. Ni s'empêcher de trouver pathétique que des entreprises, si fières de leur certification Iso 9001, ne prêtent pas plus attention aux conditions de vie de leurs ouvriers.

Les autorités du Qatar sont évidemment bien conscientes de l'image déplorable que les *labor camps* sont susceptibles d'adresser au reste du monde. C'est donc avec force publicité qu'elles ont engagé la construction de Barwa Al Baraha, également appelée Workers City, la ville des ouvriers, dans le même quartier Industrial Area. Le projet, dont le coût est estimé à plus d'un milliard de dollars, vise à proposer « *des conditions de vie raisonnables* » à plusieurs milliers de travailleurs étrangers. Selon le cahier des charges officiel, chaque ouvrier disposera de quatre mètres carrés vingt-cinq d'espace de vie. La ville des ouvriers, dont la construction doit s'achever courant 2010, disposera également de parcs, de boutiques et de centres commerciaux. Un bon moyen de tenir la main-d'œuvre étrangère éloignée du centre-ville, loin du regard des Qatariens.

Déjà, le vendredi, jour férié en terre musulmane, les centaines de milliers d'ouvriers ont interdiction de mettre les pieds dans les centres commerciaux. Ce jour-là, les malls sont en effet réservés aux familles et des vigiles sont chargés de faire respecter la consigne. La main-d'œuvre asiatique, dont l'immense majorité est célibataire ou a laissé femme et enfants au pays, se voit logiquement refoulée. Un curieux attroupement se forme alors devant l'entrée principale du centre commercial. Les hommes, rassemblés par nationalité, attendent de croiser une connaissance du sexe opposé avec laquelle ils pourront passer le barrage en prétendant venir en couple faire un peu de lèche-vitrines. Les femmes étant bien peu nombreuses, les chances de ces travailleurs sont statistiquement assez minces de pouvoir pénétrer, un vendredi, dans l'un de ces temples de la consommation. Le Family Day ne s'impose pourtant pas à tous les célibataires sans famille. Les femmes seules rentrent généralement sans difficulté. Les hommes également s'ils sont occidentaux ou de type arabe, *a fortiori* s'ils portent le costume national qatarien. Nous-mêmes allons le plus souvent faire nos courses seuls au supermarché le vendredi après-midi, sans jamais être inquiétés. Les seuls à devoir finalement rester à la porte des malls sont donc bien les ouvriers du continent asiatique, népalais, sri-lankais, indiens, philippins, indonésiens... Le « Jour des familles » n'est rien d'autre que la manifestation hypocrite d'une forme d'apartheid. En privé, les Qatariens justifient ce type de mesure par le malaise de leurs épouses ou de leurs sœurs quand elles se sentent observées par tant d'hommes dont les appétits seraient forcément aiguisés par un célibat forcé. Difficile d'imaginer quelles pensées libidineuses peuvent bien inspirer des Qatariennes voilées de la tête aux pieds. Et pourquoi cette distinction opérée entre deux célibataires en fonction de leur nationalité ? Mais on perd son temps. La plupart des Qatariens restent convaincus que les petits hommes en bleu qui font monter les tours de Doha vers le ciel sont des créatures sans âme prêtes à revenir à l'état sauvage à la moindre occasion.

Pour être tout à fait honnête, précisons que si les célibataires occidentaux sont autorisés à faire leurs emplettes le vendredi, leur présence à Doha n'est pas sans poser problème. Selon une étude réalisée par le Conseil suprême de la famille et publiée en juillet 2009, 80 % des familles qatariennes seraient « dérangées » par la cohabitation avec des étrangers dans les quartiers résidentiels. Elles leur reprochent notamment de ne pas respecter le mois du jeûne et de *« consommer de l'alcool et des drogues »*. Des associations militent activement pour que la législation sur les zones d'habitation autorisées aux résidents temporaires soit scrupuleusement respectée. Car une loi existe bel et bien. Les étrangers installés au Qatar ne peuvent habiter, théoriquement, que dans certains quartiers, principalement à la périphérie de Doha. Si elle venait à être réellement appliquée, les expatriés devraient dire adieu à leur jolie villa avec piscine ou à leur sublime appartement avec vue sur la baie.

XV

PETITS ARRANGEMENTS AVEC L'ISLAM

L'islam est la religion d'État au Qatar. L'émir participe à la prière les jours de fête et finance, avec un fonds privé, le pèlerinage de ses sujets qui ne peuvent payer le voyage à La Mecque. 80 % des habitants et, parmi eux, 100 % des Qatariens sont musulmans[1]. Pour eux, la pratique d'un islam qui s'écarterait de la stricte interprétation wahhabite est théoriquement interdite et la conversion à une autre religion considérée comme une apostasie, un crime contre l'Umma, passible de la peine capitale.

La réalité s'arrange tout de même de quelques souplesses, du moins si l'on compare à l'Arabie Saoudite voisine. La consommation d'alcool notamment est en principe rigoureusement interdite par l'islam. Le Comité de la sûreté

1. Pour les autres, la pratique de la religion de leur choix est autorisée. Les chrétiens, qui sont au nombre de 150 000 appartenant à des dizaines de nationalités, bénéficient même d'un lieu de culte, inauguré en 2008 : l'église Notre-Dame du Rosaire, première de son genre dans un pays du Golfe. Il a fallu des années de négociations pour que le permis de construire soit accordé, et encore, à la condition que l'église n'ait pas de clocher et qu'aucune croix ne soit visible à l'extérieur. Toute forme de prosélytisme est d'ailleurs rigoureusement interdite et, ces dernières années, une quinzaine de chrétiens ont été expulsés après avoir été accusés d'activités missionnaires.

alimentaire du pays a d'ailleurs le plus sérieusement du monde demandé le retrait de la vente du Red Bull Cola, une boisson énergisante dans laquelle une trace d'alcool avait été identifiée. Pour autant, à Doha, les musulmans sont autorisés à commander ce qu'ils veulent dans les bars et restaurants des hôtels de luxe munis d'une licence. Ces établissements ont, en revanche, interdiction formelle d'en vendre aux clients vêtus du costume national. Le spectacle donné par quelques Qatariens en dishdasha blanche sortant éméchés des hôtels a apparemment justifié qu'on prenne cette mesure. Il y allait de l'honneur national plus que du respect de l'islam. Les Qatariens qui veulent sortir boire un verre entre amis sont donc priés d'enfiler auparavant une tenue discrète. Il leur arrive cependant, même en dishdasha, de se faire comprendre du serveur en utilisant un code : en commandant « *une sorte de Coca* » avec un clin d'œil appuyé, par exemple. Ils peuvent aussi, tout simplement, trinquer à domicile. Il leur suffit d'envoyer leur chauffeur indien ou philippin à l'unique magasin d'alcool de la capitale dont l'accès est réservé aux résidents non musulmans. La délivrance d'une licence s'obtient sur présentation d'une autorisation du *sponsor* et contre paiement d'une caution de mille riyals (deux cents euros). Il faut également disposer d'un certain niveau de revenu, ce qui exclut d'office la main-d'œuvre non qualifiée. Les ouvriers des chantiers peuvent toujours se rabattre sur le marché noir où l'on trouve du whisky et de la vodka qui ont, l'un et l'autre, le même goût. Le risque, aussi bien pour le vendeur que pour l'acheteur, est néanmoins d'être extradé sur-le-champ s'il se fait pincer. En dernier recours, et ça n'est malheureusement pas rarissime, certains travailleurs s'habituent à boire de l'après-rasage ou de l'eau de Cologne, qu'ils parfument de quelques épices. Dans tous les cas, il est absolument déconseillé de prendre le volant après la moindre goutte d'alcool. La limite maximum autorisée est de zéro milligramme par litre de sang. Les contrevenants s'exposent à une forte amende ou à une peine de prison, et à quelques dizaines de coups de fouet s'ils sont musulmans. La flagellation fait encore partie de l'arsenal répressif lorsque l'accusé est musulman et qu'il est reconnu coupable de vol, d'adultère, d'apostasie ou d'alcoolisme. La lapidation et l'amputation d'un membre ne sont en revanche plus appliquées même si elles ne sont pas officiellement abolies.

Les relations sexuelles en dehors des liens du mariage sont officiellement illégales au Qatar, *a fortiori* pour les musulmans. En pratique, la plupart des expatriés se sentent libres de faire ce qu'ils veulent dans l'intimité de leur chambre à coucher. Les travailleurs pauvres qui ne disposent pas de ce luxe sont, eux, condamnés à l'abstinence. Pour leur part, les Qatariens ne se privent de rien. C'est généralement à l'hôtel que les relations extraconjugales sont consommées, de préférence dans un établissement de luxe. Des employés du Sharq Village, un palace dont les suites sont réparties parmi quatorze maisons de style traditionnel, nous ont confié qu'en fin de semaine certaines chambres devaient être faites jusqu'à cinq ou six fois par jour. Plusieurs couples illégitimes partagent la note et conviennent d'un « planning » pour l'occupation des lieux. La direction de l'hôtel, naturellement, ferme les yeux. Seules les femmes de chambre s'agacent de ce surcroît de travail pour une clientèle généralement avare de pourboires.

La tolérance, en matière de mœurs, atteint ses limites lorsque les comportements jugés indécents se produisent dans l'espace public. Si les expatriées sont libres de s'habiller comme elles le souhaitent et ne sont pas tenues, comme en Arabie Saoudite, de porter un foulard, un décolleté trop profond ou une jupe trop courte leur vaudra tout de même un rappel à l'ordre. Si l'effrontée est asiatique, elle risque même d'être embarquée au poste de police pour une leçon de morale vestimentaire.

L'homosexualité est condamnée par l'islam et le Qatar figure logiquement sur la liste établie par l'Association internationale gay et lesbienne des pays pratiquant une homophobie d'État. Le code pénal prévoit une peine maximum de sept ans de prison pour tout acte de sodomie entre adultes consentants, hommes ou femmes. Les condamnations sont rares mais les expulsions de travailleurs immigrés pour ce motif sont relativement fréquentes. Le célèbre prêcheur, Cheikh Youssef al-Qaradawi, membre du cercle intime de l'émir, a publié, en 2004, une fatwa consacrée aux « perversions sexuelles ». Selon lui, l'homosexualité serait passible de la peine de mort par lapidation. Il a réitéré ce jugement l'année suivante, lorsque certains journaux ont révélé la présence du prince héritier dans une boîte gay de Londres.

En 2009, les médias du Qatar se sont fait l'écho, à de nombreuses reprises, de la menace que représenterait pour la société le phénomène des « garçonnes ». Plusieurs prédicateurs ont estimé qu'il était « *un indicateur de l'invasion des idées occidentales destructrices* » par le biais d'Internet. Le ministère des Affaires sociales a consacré une conférence à ce « *douloureux problème* ». Et le vice-président de la Qatar Fondation, Seif Al Hajri, un des nombreux bras droits de Cheikha Mozah, a lui-même annoncé la création d'un Centre social pour le traitement des dépendances et des comportements déviants, sous le patronage de la première dame, pour « *remédier aux déviances sexuelles apportées par la mondialisation* ». Il reste décidément du chemin à parcourir.

Il y a quelques années, se tenir par la main en public n'était pas envisageable au Qatar, même pour un couple marié. Il n'est pas rare aujourd'hui de voir un Qatarien donner la main à son épouse... ou à l'une de ses épouses, tandis que les autres suivent sagement, quelques pas en arrière. La polygamie est naturellement autorisée au Qatar où l'émir a lui-même trois épouses. Pour le Cheikh Youssef al-Qaradawi, la meilleure justification de cette pratique est que « *l'appétit sexuel des hommes est impérieux* » tandis que celui des femmes est moindre. « *Même chez les animaux, assure le prédicateur, les femelles ont moins besoin de s'accoupler que les mâles. Il en est ainsi de la vache, de la bufflonne ou de la chèvre ; elles désirent l'étalon, le bélier ou le taureau seulement quand elles veulent porter des petits.* » En outre, les femmes sont indisposées « *pendant parfois plus de dix jours* ». Pour finir, la polygamie vaudrait mieux que l'adultère généralisé en Occident. Elle est d'ailleurs limitée puisque l'homme n'est autorisé à prendre « que » quatre épouses. Comme un journaliste demandait un jour, effrontément, à Cheikha Mozah ce que lui avait inspiré le troisième mariage de l'émir à la fin des années quatre-vingt, elle se contenta de sourire et, après un instant de silence, retourna la situation en confiant : « *Il m'aime davantage que je ne pourrai jamais l'aimer.* » La monnaie de sa pièce...

Cheikh Youssef al-Qawadari est une personnalité incontournable à Doha. Âgé de quatre-vingt-trois ans, le président de l'Union internationale des Oulémas a été expulsé de son Égypte natale il y a une quarantaine d'années en raison de son appartenance à l'organisation religieuse des Frères musulmans. Il a choisi le Qatar pour s'installer en exil. Il y enseigne à l'université et sert régulièrement de caution aux réformes engagées par l'émir. Lorsque les Saoudiens, par exemple, condamnent la libéralisation du Qatar qui saperait les valeurs de l'islam, le Cheikh est toujours prompt à défendre sa patrie d'adoption. En retour, il est considéré comme un héros national. En juin 2009, tout le gratin de Doha ainsi que le principal intéressé assistent ainsi à la première représentation d'*Un homme et une nation.* Cette pièce de théâtre retrace la vie de Youssef Al-Qawadari. Une « *preuve de reconnaissance du Qatar vis-à-vis de ce savant éminent* » selon le ministre de la Culture.

Le théologien est l'auteur d'une centaine d'ouvrages, traduits dans plusieurs langues, mais son incroyable popularité, dans l'ensemble du monde musulman, lui vient surtout d'une formidable habileté à utiliser les médias modernes. Il a notamment participé, il y a dix ans, à la création du site *Islam Online* qui tente de répondre aux questions de la vie quotidienne, mêlant fatwas et conseils pratiques. Que faire si le téléphone portable se met à sonner au beau milieu de la prière ? Un diabétique est-il autorisé à recevoir une injection d'insuline en journée, pendant le mois du jeûne ? Les femmes sont-elles autorisées à porter les maillots de bain islamiques ? Plus de trois millions d'internautes se connectent tous les mois pour y trouver des réponses. Ils peuvent même envoyer un e-mail à leur mufti favori pour solliciter une fatwa électronique !

Youssef al-Qaradawi est aussi l'un des visages les plus connus de la chaîne Al Jazeera où il intervient pour résoudre les dilemmes les plus ardus des téléspectateurs dans l'émission *La Charia et la vie*. Chaque semaine, des milliers de lettres qui lui sont destinées arrivent au siège de la chaîne, en provenance des quatre coins du monde.

Grace à Internet et à la télévision par satellite, les sentences du Cheikh influencent des centaines de millions de musulmans, aussi bien sunnites que chiites. Pour certains, ses opinions sont inattaquables. Mais le prédicateur est un personnage complexe, parfois même contradictoire. Considéré par ses fans comme l'un des principaux chefs de file de l'islam dit réformateur, il passe pour un dangereux radical aux yeux de ses détracteurs. Quand il s'agit de l'émancipation des femmes ou de la sexualité, le Cheikh est généralement assez tolérant. Il considère que, selon le Coran, les parents n'ont pas le droit de marier leurs filles sans leur consentement, que les femmes peuvent légitimement demander le divorce ou encore que la fellation ne contrevient pas à l'éthique du livre sacré. En revanche, il crée la polémique lorsque, en 2009, il légitime le recours aux attentats suicides et affirme que l'extermination des Juifs par Hitler est un châtiment divin.

Les liens de Youssef Al-Qaradawi avec le mouvement Hamas ne sont pas un mystère et lui valent de se voir refuser l'entrée aux États-Unis. Selon un responsable des forces de sécurité israéliennes, il aurait aidé le Hamas à hauteur de vingt et un millions de dollars. Il faut dire que sa fondation Al-Balagh, basée à Doha, reçoit des millions de dollars de généreux donateurs. Et les jugements du chef religieux prennent parfois un tour bien mercantile. En 2009, un nouvel opérateur de téléphonie mobile est autorisé au Qatar où la compagnie QTel bénéficie jusqu'alors d'un monopole. Cheikh Ali Ahmad As-Salous, de la faculté de la Charia, prononce une fatwa contre la souscription à Vodafone. Mais Cheikh Youssef al-Qaradawi intervient et décoche une contre-fatwa assurant que Vodafone est bien *halal* (licite). Affaires et religion peuvent parfois faire bon ménage.

XVI

UN CRIME DE LÈSE-MAJESTÉ

Tandis que la date du 3 mai approche et que les promesses de la première dame, sur la signature du Pacte international relatif aux droits civils et politiques ou la création d'une association de journalistes, semblent s'être évaporées, nous sommes la cible d'une campagne de dénigrement de plus en plus féroce dans les principaux quotidiens arabophones du pays. Un éditorialiste d'*Al Sharq* publie sur deux pleines pages un portrait intitulé *Robert Ménard, le pornographe.* L'article fait référence à une initiative du Centre dénonçant un projet de censure des sites Internet aux Émirats Arabes Unis. L'Autorité de régulation des télécommunications de cette fédération a établi une liste de cinq cents mots-clés sur laquelle le chef de la police de Dubaï compte s'appuyer pour « filtrer » la Toile. On nous assure que les seuls contenus visés sont de nature pornographique ou représentent une insulte à l'islam. Mais nous connaissons bien les atours vertueux dont se drapent trop fréquemment les ennemis de la liberté d'expression. Nous demandons la publication de la liste des mots-clés. Ni plus ni moins. À peu près à la même époque, plusieurs internautes ont révélé les penchants sadiques d'un membre de la famille régnante d'Abu Dhabi. Le Cheikh Issa bin Zayed al-Nahyan apparaît sur une vidéo amateur, tournée à sa demande, en train de torturer un commerçant afghan, avec la complicité d'un policier en uniforme. L'affaire est embarrassante pour les autorités émiratis et on peut imaginer que leur volonté de verrouiller la Toile s'en trouve renforcée. Mais l'éditorialiste qatarien ne prend en compte aucun de nos arguments et, en toute mauvaise foi, tire la conclusion que notre agenda secret est de promouvoir la pornographie auprès de la jeunesse musulmane.

Calomniez, il en restera toujours quelque chose. Nous choisissons de demander la publication d'un droit de réponse où nous rétablissons quelques faits et vérités. Mal nous en prend. Deux jours plus tard, le même éditorialiste en remet une couche. Il écrit notamment que notre seule préoccupation est de piller l'argent de son pays et que les bourses d'assistance du Centre n'arrivent jamais à destination. Nous sommes accusés cette fois de détournement de fonds publics. Rien que ça. Naturellement, nous sommes en mesure de justifier le moindre riyal dépensé. Pas seulement avec des reçus, mais également par le biais des témoignages, souvent très émouvants, dans lesquels les journalistes expriment leur reconnaissance aux équipes du

Centre et aux autorités du Qatar. Tout est parfaitement transparent. En seulement quelques mois, le Centre a pu verser deux cent cinquante-quatre bourses totalisant une enveloppe de sept cent neuf mille dollars. Parfois le prix de miracles, comme en Guinée-Bissau où la totalité des journaux avaient disparu en raison d'une pénurie de papier. Grâce à l'achat de deux mille rames au Sénégal voisin, les habitants du pays ont retrouvé une presse pluraliste.

L'équipe du Centre se réduit à une petite dizaine de personnes, originaires de pays aussi divers que le Maroc, l'Algérie, l'Inde, l'Iran, l'Égypte et, bien sûr, le Qatar et la France. Il faut construire une nouvelle organisation de A à Z, de l'équipement des bureaux au site Internet, en passant par la création – avec Reporters sans frontières et la mairie de Bayeux qui abrite le Mémorial des reporters – d'une banque de données unique au monde sur les plus de deux mille journalistes tués depuis la fin de la Seconde Guerre mondiale ou encore la réalisation de films consacrés à la liberté de la presse. Faire en sorte que chaque chose soit payée à son juste prix est une bataille de tous les jours : dès que nous nous adressons à un fournisseur et annonçons que nous sommes installés dans un émirat du Golfe, nous voyons littéralement les dollars dans les yeux de nos interlocuteurs. Un peu à la manière de l'oncle Picsou de Walt Disney.

Au fil des semaines, d'autres attaques sont lancées contre nous par une presse qatarienne directement manipulée par la clique de Cheikh Hamad bin Thamer, président de notre conseil d'administration, notre meilleur ennemi. On nous reproche notamment d'avoir vertement critiqué l'accueil à Doha du président soudanais à l'occasion d'un sommet de la Ligue Arabe auquel participait également le secrétaire général des Nations unies, Ban Ki-moon, les 30 et 31 mars 2009. Omar el-Béchir est, depuis le 4 mars, sous le coup d'un mandat d'arrêt de la Cour pénale internationale pour crimes de guerre et crimes contre l'humanité, et le recevoir en grande pompe au Qatar nous semble un très mauvais coup porté à la justice internationale. On ne peut pas se féliciter de la saisine du procureur de la Cour pénale internationale lorsqu'il s'agit des crimes commis par Israël à Gaza et s'en plaindre pour un pays ami. Les pays arabes pratiquent, ce faisant, le « deux poids deux mesures » dont ils se plaignent si souvent de la part des Occidentaux à l'égard de la Palestine. Les autorités qatariennes ont applaudi lorsque le Centre de Doha a saisi la CPI des crimes commis à Gaza contre des organes de presse et des journalistes durant l'opération Plomb durci au début de l'année 2009 [1]. Voilà qu'elles reçoivent chaleureusement un homme soupçonné d'avoir fait massacrer plus de trois cent mille personnes au Darfour !

1. Lire en annexe.

En réclamant l'application de la justice internationale au Soudan comme en Israël, nous sommes seulement fidèles à nos convictions et cohérents dans nos prises de parole. Mais notre propos est immédiatement interprété par certains comme une ingérence impardonnable dans la diplomatie de l'émirat, dont la cohérence n'est évidemment pas la plus grande qualité. Comble de l'outrecuidance, nous avons choisi, pour illustrer notre communiqué sur le site Internet, une photo représentant l'émir accueillant Omar el-Béchir par une chaleureuse accolade à sa descente d'avion. Crime de lèse-majesté ! Le lendemain, notre position est rapportée et saluée dans le *New York Times* et le *Financial Times.* Mais pour les Qatariens, nous avons dépassé les limites et allons le payer. Cheikha Mozah elle-même me confie son embarras quelques jours plus tard. En marge du sommet, le président libyen Mouammar Kadhafi et le Syrien Bachar el-Assad se sont plaints des communiqués du Centre. Elle a su faire face. « *Mais,* me dit-elle, *tout le monde s'interroge sur vos intentions quand vous mettez l'émir directement en cause.* » Je sens bien, ce jour-là, que notre bienfaitrice n'hésitera pas longtemps quand viendra l'heure de choisir entre ses convictions et ses intérêts, pour ne pas parler de sa survie.

Le 3 mai arrive. Le Centre est présenté comme co-organisateur de la dix-neuvième Journée mondiale de la liberté de la presse. En réalité, notre rôle s'est limité à proposer à l'Unesco une liste de personnalités que nous souhaitons voir participer aux débats organisés pendant deux jours dans un salon de l'hôtel Intercontinental à Doha. Nous avons cependant nous-mêmes arrangé la venue des dessinateurs de l'association Cartooning for Peace. Nous tenons beaucoup à leur présence et à la présentation d'une vingtaine de leurs caricatures, dans le hall de l'hôtel. Jean Plantu, à qui revient l'initiative de cette fondation, est venu en compagnie de quelques-uns des plus brillants dessinateurs de presse du monde entier : le Palestinien Baha Boukhari, l'Américain Jeff Danziger, l'Algérien Ali Dilem, le Libanais Stavro, le Franco-Burkinabe Damien Glez et Michel Kichka, né en Belgique et installé en Israël depuis une trentaine d'années. Lui doit participer avec moi, un avocat égyptien spécialiste de la défense de la liberté d'expression dans son pays, une enseignante de l'Université d'Oxford et un haut fonctionnaire de l'Unesco, à une table ronde consacrée au rôle des médias dans le dialogue entre les religions. Les questions du blasphème, du droit à la critique, des caricatures du prophète Mahomet, de la différence entre respect des croyants et respect des croyances, sont évidemment soulevées lors du débat. Je rappelle qu'en France, en 2006, la justice a reconnu le droit des journaux à reproduire les fameuses caricatures danoises qui ont provoqué la colère de quelques imams extrémistes et entraîné des violences dont le monde entier se souvient. L'Union des organisations islamiques de France et la Grande Mosquée de Paris ont engagé une procédure pénale contre *Charlie Hebdo* et son directeur Philippe Val. Le tribunal a prononcé la relaxe et la décision a été confirmée en appel.

Michel Kichka est très émouvant quand il évoque son père, survivant de l'holocauste. Ou lorsqu'il parle du concours international de caricatures antisémites organisé par le président iranien Mahmoud Ahmadinejad en 2006. À la fin de son intervention, je donne la parole à l'un des participants dans la salle, un grand type à lunettes et moustache qui se présente calmement en anglais : « *Je m'appelle Flemming Rose, je suis rédacteur en chef du journal danois* Jyllands-Posten *et c'est moi qui ai demandé à plusieurs illustrateurs de dessiner Mahomet comme ils le voyaient. Je ne leur ai pas demandé de se moquer.* » J'ignorais totalement sa présence à Doha. Et tandis qu'il s'adresse à la salle, j'imagine que les réactions vont être terribles. Au lieu de cela, Flemming Rose se rassied calmement et personne ne lui répond. La tolérance a-t-elle tellement progressé depuis les terribles événements de 2006 qui ont fait plus de cinquante morts ? Les spectateurs sont-ils tellement assoupis qu'ils n'ont pas réalisé ce qui vient de se passer ? Après le débat, je discute un moment avec Flemming Rose. Il assume parfaitement la publication des dessins qui ont fait couler tant d'encre... et de sang. Il recommencerait demain, si nécessaire, y compris celui où une bombe paraît émerger du turban du prophète. « *Quand je suis dans une mosquée*, me dit-il, *je respecte le caractère sacré du lieu. Mais si une religion prétend limiter ma liberté d'expression, où est le respect ? Il n'est question alors que de soumission.* » Nous nous serrons la main, tandis que les invités se bousculent pour rejoindre le buffet. Je ne l'ai plus revu.

Le reste des deux journées organisées par l'Unesco va sans incident, ou presque. Comme souvent dans ce genre de manifestations, les orateurs se succèdent et alignent une série de poncifs sur la liberté, les droits de l'homme, en pensant déjà aux petits-fours servis à l'interruption de séance. Chacun prend bien soin de dire ce que tout le monde veut entendre. En particulier, à Doha, il est de bon ton de critiquer le manque d'objectivité de la presse occidentale au sujet du conflit israélo-palestinien. Les applaudissements sont garantis. Quand les responsables de l'Unesco me remettent le projet de déclaration finale avant sa lecture en séance plénière, je remarque que le texte sur lequel j'ai préalablement donné mon accord a été vidé de sa substance sur un point, à nos yeux essentiel : la garantie indispensable des libertés d'expression, de pensée, de conscience et de religion. Il me semble nécessaire de préciser que ces libertés ne peuvent être limitées par un quelconque délit de « *diffamation des religions* ». Il ne s'agit pas d'un caprice rhétorique de ma part. Quelques semaines plus tôt, l'Organisation de la conférence islamique a fait passer à Genève, dans le cadre de la dixième session du Conseil des droits de l'homme, une résolution établissant le délit de blasphème, un concept absolument non fondé en droit international, qui constitue une interprétation fallacieuse et dangereuse des droits de l'homme.

Embarrassés, mes interlocuteurs de l'organisation onusienne tentent de me convaincre que l'essentiel est sauf et que ma version du texte risquerait de provoquer un tollé parmi les participants. Il vaut donc mieux, selon eux, un mauvais compromis qu'une saine engueulade.

La déclaration finale de la dix-neuvième Journée mondiale de la liberté de la presse est donc, à mon grand regret, un modèle de verbiage, d'eau tiède.

XVII

« CETTE TÊTE DOIT ROULER DANS LE SABLE... »

Deux jours plus tard, l'orage éclate. Le quotidien *Al Watan* publie un long article sur la présence à Doha du Danois Flemming Rose, en affirmant que le Centre a invité « *Satan en personne* ». Plusieurs autres journaux reprennent l'information, naturellement sans la vérifier. Aucun ne s'étonne, d'ailleurs, que les autorités qatariennes aient accordé au « diable » un visa d'entrée dans le pays. Les forums de discussion sur Internet amplifient rapidement la polémique. Des musulmans y affirment que le Centre de Doha a commis l'irréparable, que la provocation a assez duré et que je dois être expulsé sur-le-champ avec toute mon équipe. Certains prédicateurs appellent à un rassemblement le vendredi suivant pour demander la fermeture du Centre. Nous recevons une avalanche d'e-mails et de SMS sur nos téléphones, ils nous accusent d'avoir offensé le Prophète et nous promettent une punition appropriée. Un journal local fait paraître un dessin me représentant, agrémenté de cette légende : « *Cette tête doit rouler dans le sable* »...

Je sais trop bien à quels excès ce genre de situation peut conduire et demande donc à l'Unesco de bien vouloir publier un communiqué rétablissant la vérité. Non seulement le Centre n'a pas invité Flemming Rose, mais nous n'étions même pas informés de sa présence à Doha le 3 mai. En réalité, le groupe de presse danois JP Politikens/Hus, dont fait partie le quotidien *Jyllands-Posten*, finance depuis plusieurs années le prix remis par l'Unesco à l'occasion de cette Journée mondiale de la liberté de la presse. À ce titre, l'organisation invite chaque année plusieurs responsables de JP Politikens/Hus à participer aux manifestations du 3 mai. Si l'on m'avait consulté sur l'opportunité d'accueillir à Doha le rédacteur en chef qui avait fait paraître les douze caricatures de Mahomet, j'aurais peut-être hésité. Mais, puisque les débats organisés cette année-là avaient pour thème « le dialogue entre les cultures », il n'était pas absurde que Flemming Rose y participât. En tout cas, personne ne m'a demandé notre avis. Dans un bel élan de lâcheté dont elle est coutumière, l'Unesco refuse net d'endosser la responsabilité et nous laisse en première ligne.

Évidemment, cette nouvelle campagne – la plus meurtrière car elle se situe sur le terrain miné de la religion – n'a rien de spontané. Les mêmes journalistes qui font mine d'être horrifiés par la venue de « Satan » sur le sol qatarien étaient, pour certains, présents dans la salle où

Flemming Rose s'est levé pour prendre la parole. Ils n'ont pas bronché. Ils ont partagé avec lui les petits-fours du buffet de l'hôtel Intercontinental. Nous savons bien que leur indignation à retardement est télécommandée et que nos ennemis sont décidés à en finir avec nous.

Obtenir la fermeture du Centre ou me faire débarquer ne sont pas des options réalistes. Trop mauvaise publicité pour le Qatar qui compte sur nous pour asseoir son image de pays soucieux des droits de l'homme. Je mesure, jour après jour, la part de manipulation dont nous sommes l'objet. Je continue à croire à la bonne foi de Cheikha Mozah, mais je la devine elle-même manipulée quand elle donne au monde, dans son magnifique tailleur vert, l'illusion d'un Qatar progressiste. Elle est la façade avenante et moderne d'un régime féodal. « *La meilleure publicité du pays à l'étranger* » nous confie un Français, installé à Doha depuis fort longtemps. Engagé comme ostéopathe attitré du frère de l'émir, il est devenu un observateur privilégié des manœuvres et des luttes de pouvoir dont nous sommes les jouets. « *Ici, Cheikha Mozah n'est pas aussi populaire qu'on le dit*, précise-t-il. *Personne n'oserait la critiquer ouvertement, mais les Qatariens n'en pensent pas moins. Beaucoup considèrent qu'elle en fait trop et que les réformes menacent leur bien-être. Ils ont beaucoup plus à perdre qu'à gagner. Et l'émir doit en tenir compte. Un coup d'État est si vite arrivé...* »

La princesse ne peut plus rien pour nous. De son palais, elle suit l'agonie du Centre. Et ne répond plus à mes appels.

Puisqu'on ne peut pas simplement nous contraindre à partir et que nous avons jusque-là résisté à toutes les tempêtes, il ne reste qu'à nous asphyxier. Nous avons tenu près de deux mois sur les réserves du budget de l'année précédente, continuant tant bien que mal à envoyer de l'argent à ceux qui sollicitent notre aide, au Niger, en Iran ou en Somalie, mais l'enveloppe censée arriver le 1er avril n'est toujours pas là. Les documents n'ont pas été signés par le président de notre conseil d'administration. Un beau matin, surprise : la moitié du budget atterrit sur le compte. Le virement a été ordonné par le ministère du Trésor. Nous avons peine à le croire. Mais notre joie est de courte durée. Quelques heures plus tard, le compte est vidé sur ordre du même ministère !

Nous sommes tous épuisés. À Doha, on nous considère comme des pestiférés. La plupart des Français expatriés, soucieux de leur confort, nous évitent soigneusement. Gilles Bonnaud, ambassadeur de France, dont je n'espère aucun soutien mais qui m'a régulièrement invité à ses soirées quand j'étais encore fréquentable, assure maintenant à ses interlocuteurs que je suis « *un charlot* ». Il est temps de jeter l'éponge.

XVIII

LE LANCEUR DE CHAUSSURES SUPERSTAR

Cheikh Hamad bin Thamer, notre ennemi juré, a de nouvelles exigences. Elles sont grotesques. Il nous demande un engagement formel à ne pas solliciter de refuge à Doha pour les journalistes persécutés dans les pays amis du Qatar En clair, la Syrie et l'Iran notamment. Cela fait des mois que nous ne sommes plus en mesure d'accueillir le moindre journaliste en danger. Mais il tient à nous faire mordre la poussière et ravaler nos valeurs.

La journaliste américaine d'origine iranienne Roxana Saberi vient de passer cent jours dans une geôle de la sinistre prison d'Evine à Téhéran. Arrêtée pour l'achat d'une bouteille de vin, accusée d'espionnage, jugée en un quart d'heure, la journaliste a été condamnée à huit ans de prison, en première instance. Heureusement, la mobilisation internationale a permis d'obtenir sa libération, après une nouvelle parodie de procès en appel. Naturellement, le Centre se mobilise pour elle et pour les autres journalistes et blogueurs emprisonnés dans la République islamique d'Iran. Nous adressons une lettre ouverte au Guide suprême iranien Ali Khamenei, dans laquelle nous réclamons la libération de Roxana Saberi en rappelant que « *la détention de la journaliste est une violation du Pacte international relatif aux droits civils et politiques des Nations unies dont la République islamique d'Iran est signataire* ». Nous écrivons également à Javier Solana, le chef de la diplomatie européenne, à la veille de sa rencontre avec le ministre iranien des Affaires étrangères. Enfin et surtout, puisque nous sommes installés au Qatar, nous sollicitons de l'émir une intervention auprès des autorités iraniennes. Même si les Iraniens ont tout fait pour instrumentaliser cette affaire dans leur bras de fer avec les États-Unis, cela vaut au moins la peine d'essayer. Notre supplique est vaine. Le Qatar ne veut pas s'en mêler et risquer de froisser Mahmoud Ahmadinejad. Surtout pas à quelques semaines de l'élection présidentielle. L'Iran est un partenaire chatouilleux et les Qatariens se donnent du mal pour ne pas l'irriter. En 2008, le Premier ministre, Cheikh Hamad bin Jassim bin Jaber al-Thani, affirme, en visite à Téhéran, que « *la position du Qatar sur la question nucléaire est en accord avec celle de la République islamique d'Iran* ». Après la réélection de Mahmoud Ahmadinejad, le 12 juin 2009, les autorités qatariennes se précipitent pour le féliciter, alors que tout indique que le scrutin a été largement truqué. Nous avons l'occasion d'en faire la remarque, un peu plus tard, à Cheikha Mozah. « *Qu'en savez-vous ?* me dit-elle, très sérieusement. *Qu'est-ce qui vous prouve que cette élection n'a pas été régulière et démocratique ?* » Il n'y a pire sourd que celui qui ne veut pas entendre.

En dehors de nous et de notre ami Richard Roth, doyen de la Medill School of Journalism au Qatar, personne à Doha n'a bougé le petit doigt pour venir en aide à Roxana Saberi. Richard a connu la jeune femme alors qu'elle étudiait à la Northwestern University à Evanston, dans l'Illinois, dix ans plus tôt. Il a écrit lui aussi à l'émir pour solliciter son intervention mais n'a pas obtenu davantage de réponse.

Venir en aide aux journalistes victimes de persécutions en Iran, en Syrie ou en Lybie n'est pas « *diplomatiquement correct* ». On fait grand cas, en revanche, à Doha, de la détention du journaliste irakien Muntazer al-Zaidi qui a lancé ses chaussures sur le président américain George W. Bush. Nous-mêmes avons adressé une lettre au président irakien Jalal Talabani pour lui demander d'accorder sa grâce au jeune homme. Il nous semblait qu'une condamnation à trois ans de prison en première instance, ramenée à un an en appel, était disproportionnée par rapport à la gravité de son geste. Dans le même temps, nous l'avons toujours affirmé, lancer ses chaussures sur un chef d'État ne fait pas vraiment partie des canons journalistiques... Au mieux, si c'est un acte irréfléchi, il est regrettable. Au pire, si Muntazer al-Zaidi a prémédité son exploit comme il l'a déclaré, il ne fait aucun doute que le reporter est un « allumé ». Dans tous les cas, il n'y a pas de quoi en faire ni un héros ni un martyr. Mais le lancer de chaussures a fait le tour du monde. Diffusé sur les télévisions de tous les continents, regardé par plus de vingt millions de personnes sur YouTube, adapté en jeux vidéo sur Internet, il a valu à son auteur une notoriété invraisemblable dans les pays arabes et au Qatar en particulier. Et c'est sous les honneurs que le jeune homme est finalement sorti de prison en septembre 2009. Le dictateur libyen Mouammar Kadhafi a tenu à le décorer de *« l'ordre du courage »*, un homme d'affaires du Bahreïn s'est engagé à lui offrir une limousine et l'émir du Qatar a placé la barre du ridicule un peu plus haut encore en lui promettant un cheval en or, selon le frère de Muntazer al-Zaidi.

Une vingtaine de journalistes croupissent derrière les barreaux, en Iran. Avec la Chine, l'Érythrée et Cuba, la République islamique est devenue l'une des plus grandes prisons au monde pour celles et ceux qui font le métier d'informer. Dans l'indifférence générale. Mais qu'un illuminé muni d'une carte de presse traite le président américain de « *chien* » en lui balançant ses godasses, et le monde arabe célèbre son courage. C'est encore le « deux poids deux mesures ». Un véritable piège dans cette région du monde. Le 4 juin 2009, Barack Obama se rend au Caire pour y prononcer un discours de « réconciliation » avec le monde arabo-musulman. Noble intention, après les tragiques erreurs de son prédécesseur. Mais gare aux chausse-trapes. À la veille de cette visite officielle, depuis Doha, j'adresse une lettre ouverte au président américain.

« *Monsieur le Président,*

Vous l'aviez promis, vous tenez vos promesses. Pendant votre campagne électorale, vous vous étiez engagé à vous adresser aux musulmans. Dans quelques jours, vous allez le faire depuis Le Caire. Et vous avez raison : s'il est une zone du monde dans laquelle votre prédécesseur a multiplié les erreurs, les fautes et même les crimes, c'est bien en terre d'islam. Au point qu'aujourd'hui, les beaux mots de "démocratie", de "droits de l'homme" sont dévalués, déconsidérés tant ils rappellent l'invasion de l'Irak, le soutien aveugle à Israël, l'appui apporté à des régimes du Moyen-Orient parmi les plus répressifs du monde. C'est avec tout cela, nous l'espérons, que vous allez rompre.

Mais je voudrais, Monsieur le Président, vous mettre en garde. Si George W. Bush a offert un visage caricatural de l'Occident – arrogant et guerrier –, le souci de renouer des liens avec cette partie du monde ne doit pas vous conduire à confondre certains régimes en place et les peuples que ces mêmes gouvernants oppriment. S'il est impératif de rompre avec cette politique du "deux poids deux mesures" pratiquée avec cynisme par Washington, des années durant, il ne faudrait pas oublier, dans votre main tendue aux régimes en place, les innombrables victimes des potentats locaux.

Installé au cœur du monde arabe, notre Centre relève et combat, jour après jour, les manquements aux libertés, les violations des engagements pris, les accrocs à la parole donnée qui caractérisent malheureusement la politique menée par trop de puissants du monde musulman. Dans le seul domaine qui est le nôtre, à savoir la défense de la liberté de la presse, on ne compte plus les victimes de régimes qui s'empressent de stigmatiser les atteintes aux droits de l'homme commises par les pays occidentaux – sur leur territoire comme lors de leurs expéditions militaires –, mais n'ont aucun scrupule, dès lors qu'il s'agit de leurs propres exactions qui sont pourtant la base de leur fonctionnement. Les mêmes qui dénoncent, à juste raison, les comportements de l'armée israélienne – nous avons nous-mêmes saisi le procureur de la Cour pénale internationale d'une plainte pour "crime de guerre" à l'encontre de Tsahal – se taisent quand les responsables du Hamas s'en prennent violemment à leurs ennemis jurés du Fatah (ou vice versa*). Sans parler de leur silence assourdissant lors des attaques contre les civils israéliens. Aujourd'hui, plus d'une trentaine de journalistes, collaborateurs des médias et blogueurs sont incarcérés dans les geôles arabes, notamment en Syrie, en Iran, en Palestine et en Égypte où vous avez choisi de donner votre discours. Ayez une pensée, un mot pour Kareem Amer. Ce blogueur égyp-*

tien, âgé à peine de vingt-cinq ans, a été condamné à quatre ans de prison par un tribunal du Caire pour avoir dénoncé les dérives religieuses et autoritaires de l'État. Malgré cela, l'Égypte est loin d'être le pays le plus répressif en matière de liberté d'expression. Près de la moitié des professionnels des médias incarcérés dans la région se trouvent en Iran. Vous avez, encore récemment, suivi la libération de Roxana Saberi. Tous n'ont pas la chance de bénéficier d'une mobilisation internationale.

S'il est de votre devoir, Monsieur le Président, d'en finir avec le soutien inconditionnel apporté par votre pays aux dirigeants israéliens – qui conduit l'administration de Washington à fermer les yeux sur des comportements criminels – il nous semble essentiel que ce rééquilibrage de votre politique ne se fasse pas au profit de régimes arabes autocratiques et corrompus. Les démocrates et les journalistes indépendants du Maghreb comme du Moyen-Orient ont besoin de vous savoir derrière eux. Les intérêts économiques des États-Unis comme leur approvisionnement en pétrole et en gaz sont légitimes. Mais ils ne sauraient justifier d'abandonner en rase campagne ceux qui se battent ici pour un peu plus de liberté.

Vous nous répondrez que cela ne dépend pas de vous seul. Que c'est aux démocraties dans leur ensemble de cesser, pour lutter contre le terrorisme, de soutenir des régimes qui se présentent comme l'ultime rempart à la montée des intégrismes quand, en réalité, ils sont les premiers responsables du succès de ces derniers tant ils se comportent comme de véritables prédateurs, pillant les richesses de leur pays, mettant en coupe réglée leur propre peuple. C'est vrai, tout ne dépend pas de vous. Mais certains gestes ne relèvent que de vous. Qui vous empêche, par exemple, de libérer le journaliste irakien Ibrahim Jassam, détenu depuis plus de deux cent cinquante jours par vos forces armées à Bagdad en violation de toutes les règles de droit ? À l'encontre d'une décision de la justice irakienne qui a, elle-même, exigé sa sortie de prison ?

Des gestes comme celui-ci s'imposent si vous ne voulez pas que les hommes et les femmes du monde arabe se sentent une nouvelle fois floués, trompés par des Occidentaux qui ont toujours de grands principes à la bouche mais soutiennent en sous-main les pires des dictateurs. Et Dieu sait que cette région du monde en compte... Souvenez-vous, Monsieur le Président, de l'époque d'avant la chute du mur de Berlin. Les dirigeants du monde libre se faisaient alors un devoir, un honneur d'apporter aide et considération aux dissidents de l'ex-URSS et des pays satellites de Moscou. Pourquoi ne pas adopter la même politique à l'égard des démocrates arabes ? Ils sont le seul avenir de leur pays, nos alliés dans la lutte contre le terrorisme. Les soutenir n'est pas seulement une affaire de morale – encore que vous en ayez beaucoup parlé lors de votre campagne électorale mais correspond à vos intérêts bien compris : la démocratie est la seule réponse possible à la montée de l'extrémisme.

Vous le savez, Monsieur le Président, l'existence d'une presse libre, pluraliste, responsable n'est pas un luxe. C'est une nécessité pour qui veut lutter avec efficacité contre les dérives, les abus, les turpitudes de trop d'hommes de pouvoir. Nous attendons de vous que vous le réaffirmiez à la face de certains régimes qui ont trop tendance à voir derrière toute critique des agissements répréhensibles qui conduisent leurs auteurs directement en prison. Pas la peine de dresser ici la liste de ces dirigeants : elle est trop longue et vous la connaissez.

Un dernier mot, si vous le permettez. Régler le conflit israélo-palestinien est la priorité. Pour les victimes d'abord. On en compte dans les deux camps, c'est vrai, mais les Palestiniens paient de loin, de très loin le tribut le plus important. Mais aussi parce qu'il sert d'excuse à bon nombre de régimes arabes pour ne changer en rien. Enfin, parce qu'il est la preuve éclatante de la duplicité de pays occidentaux – à commencer par le vôtre – qui tiennent des discours sur les estrades des enceintes internationales au sein desquelles ils clament leur attachement à des valeurs qu'ils acceptent de voir bafouer tous les jours dans les territoires palestiniens. Pour les défenseurs des droits de l'homme que nous sommes, lever cet obstacle, de taille nous en convenons, est la seule voie possible pour faire progresser ces libertés auxquelles nous sommes, comme vous, attachés. »

XIX

« CE PAYS N'A PAS QUARANTE ANS... »

Les dés sont jetés et nombreux sont ceux qui ricanent en disant que c'était couru d'avance. Les mêmes qui m'ont accusé, quelques mois plus tôt, de vendre mon âme pour une poignée de pétro-dollars. Ils m'imaginaient peut-être couler des jours tranquilles au bord d'une piscine, dans un somptueux palais aux portes du désert et servir de caution à une parodie de défense de la liberté d'expression. C'est mal me connaître et je crois encore, sincèrement, que ce n'est pas non plus ce que Cheikha Mozah avait en tête lors de notre premier entretien. Elle comptait sur nous pour dire haut et fort certaines vérités. Elle-même ne manque pas de courage. Elle a bien souvent bousculé les convictions, et parfois même les croyances, de ses concitoyens. Il lui a fallu une certaine audace pour affirmer un jour que le mot connaissance (*Ilm* en arabe) était cité sept cent cinquante fois dans le Coran. Et surtout, elle savait bien à qui elle avait affaire en me confiant la responsabilité de créer et de diriger le Centre de Doha. Elle connaissait mes qualités et mes défauts. Je suis obstiné. Et je ne crois pas que la patience soit mère de la sagesse. Pas dans le combat qui est le mien depuis près d'un quart de siècle.

La décision prise de plier bagages, je contacte chacun des membres du conseil d'administration pour les informer de la situation. Ils sont douze, dont l'écrivain Paolo Coelho, le journaliste Patrick Poivre d'Arvor, le directeur du Centre d'études sur l'Orient contemporain à Paris, Burhan Ghalioun, le ministre espagnol des Affaires étrangères, Miguel Àngel Moratinos Cuyaubé, et Dominique de Villepin. À celui-ci, j'explique aussi la situation financière dans laquelle nous a placés l'acharnement de nos ennemis. L'ancien Premier ministre propose d'en parler à Cheikha Mozah. Il me rappelle le lendemain pour m'informer que Son Altesse souhaite me rencontrer lors de sa venue à Paris, deux semaines plus tard, dans le cadre d'une visite d'État.

Quelques jours avant de quitter Doha, pour la dernière fois, nous dînons au petit restaurant, près du port de pêche, avec un ami français, fonctionnaire des Nations unies, chargé d'installer au Qatar un bureau permanent de l'Organisation. Comme nous lui annonçons notre décision de claquer la porte, il nous dit, sincèrement désolé, qu'il avait espéré faire de grandes choses avec nous et que c'est du gâchis de renoncer. Je lui réponds qu'on ne nous laisse pas vraiment le choix. « *Nous avons supporté les campagnes de diffamation, les accusations les plus basses. Nous avons travaillé pendant des mois dans un bureau qui n'en était pas un. Plusieurs membres de l'équipe n'ont jamais reçu leur titre de séjour. Et maintenant, nous sommes asphyxiés puisque le budget prévu n'a pas été versé.* » La seule raison que nous avions de tenir, face à toutes ces difficultés, était de pouvoir répondre aux appels de détresse des journalistes du monde entier. À présent, nous sommes impuissants à aider les reporters forcés de quitter la vallée de Swat, au Pakistan, les familles des journalistes assassinés en Somalie et nos confrères persécutés en Syrie, en Iran et ailleurs. « *Vous devriez mettre de l'eau dans votre vin*, propose la voix de la sagesse onusienne. *Si vous adoptez profil bas sur les questions qui fâchent, je suis sûr que les choses s'arrangeront.* » Sans doute. Mais quelle crédibilité aurions-nous ? Ce n'est même pas une option. Nous terminons nos limonades et reprenons la voiture. En passant devant l'immense villa louée par les Nations unies, notre ami nous explique son ambitieux programme de conférences et de colloques sur les droits de l'homme. Discours et petits-fours. Succès garanti. Il devine notre scepticisme et ajoute : « *C'est un pays qui n'a pas quarante ans. Il faut lui laisser le temps.* »

Je donne encore quelques interviews aux journalistes qatariens qui semblent trouver que l'agonie du Centre de Doha est un excellent feuilleton. Pratiquement toujours les mêmes questions. En particulier, on ne manque jamais de me demander pourquoi je dénonce la censure dans les pays arabes et pourquoi je ne m'acharne pas davantage contre Israël. Il est vain de rappeler que notre organisation a engagé des poursuites contre l'État hébreu devant la Cour pénale internationale, suite à l'opération Plomb durci, et que nous n'avons cessé de dénoncer le black-out imposé par Tsahal durant l'offensive. Comme il ne sert à rien de souligner que la presse israélienne est tout de même bien plus libre que celle du Qatar et de la plupart des pays arabes. Un dialogue de sourds s'installe. C'est en quelque sorte la parabole de la paille dans l'œil du voisin. La même rhétorique bornée est, en grande partie, la source et le moteur du conflit qui déchire le Proche-Orient depuis soixante ans. Surtout, je suis sceptique sur la sincérité de mes interlocuteurs qatariens quand ils font mine de s'enflammer pour défendre la cause palestinienne. Cela n'ôte rien à l'effroi inspiré par les bombardements de populations civiles à Gaza, de trouver quelque peu « surjoués » toutes les vibrantes déclarations et les innombrables cérémonies, concerts et festivals, « en solidarité » avec le peuple palestinien. Il est si facile de verser des larmes de crocodile en se frappant le cœur pour les « frères » de Gaza – surtout – ou de Ramallah.

Mais les riches monarchies du Golfe en général et le Qatar en particulier ne font preuve d'aucun empressement lorsqu'il s'agit de mettre leurs dollars au service de l'instauration d'un État palestinien. Récemment d'ailleurs, l'Onu a rappelé à certains pays arabes leurs promesses d'aide – jusqu'ici non tenues – formulées lors de la conférence de Paris de décembre 2007. Ce sont des capitaux occidentaux qui ont financé et qui financent encore les infrastructures et les salaires des fonctionnaires de l'Autorité palestinienne. En réalité, voilà des décennies que les pays du Golfe font mine de soutenir les Palestiniens en confortant et en finançant les plus extrémistes. L'Orient, certes, est compliqué. Mais ce n'est pas une raison pour prendre les vessies pour des lanternes.

Je reçois la visite d'un rédacteur en chef de *Peninsula*, un quotidien anglophone. Il est aimable et m'assure qu'il a l'intention de rétablir quelques vérités sur l'action du Centre. Je lui confirme que nous ne sommes en rien responsables de la présence à Doha, le 3 mai, du rédacteur en chef danois Flemming Rose. Je lui explique qu'en dénonçant la censure de l'Internet aux Émirats Arabes Unis, nous n'avions aucunement l'intention de promouvoir la pornographie en ligne mais, au contraire, de bonnes raisons de croire que les sites visés étaient de nature politique [1]. Je lui fournis le détail de toutes les bourses d'assistance versées par le Centre aux journalistes et aux

1. Le numéro d'avril 2009 du mensuel *Afrique Magazine* n'a-t-il pas été interdit à Dubaï en raison d'un article décrivant les difficultés de l'émirat, la lutte pour sa survie financière et son autonomie politique, ainsi que le changement du rapport de force au sein de la Fédération, au profit de la famille régnante d'Abou Dhabi ?

médias en difficulté. Je lui remets une copie de la proposition de révision de la loi qatarienne sur la presse que nous avons soumise à la discussion sur notre site Internet et lui fais observer que pas un seul journaliste dans le pays n'a osé l'enrichir ou la commenter. Mon interlocuteur prend note consciencieusement de toutes ces mises au point. « *Je vais faire savoir que votre cause est juste,* dit-il, *et que les campagnes contre le Centre reposent sur des accusations mensongères. Mais revenons sur le communiqué où vous avez dénoncé la venue au Qatar du chef de l'État soudanais, Omar el-Béchir. Quel besoin aviez-vous de critiquer aussi directement la diplomatie du pays ?* » Décidément, cet épisode-là nous poursuit. Je lui réponds que le rôle d'organisations comme la nôtre n'est, en aucun cas, de se mêler de politique. Nous ne cherchons ni à plaire ni à déplaire. La diplomatie de l'émir n'est nullement notre affaire en tant que telle. Mais, comme toutes les organisations de défense des droits de l'homme, notre rôle est de dire et redire aux responsables politiques une certaine exigence de justice et de ne jamais oublier les victimes, d'un bord comme de l'autre. Nous sommes là pour rappeler que le président soudanais est poursuivi par la justice internationale et, accessoirement, qu'il fait endurer un cauchemar à la presse de son pays. Nous sommes là pour trouver scandaleux que quiconque, l'émir du Qatar ou un autre, lui permette d'échapper au mandat d'arrêt lancé contre lui par la Cour pénale internationale. Et pour dire que le secrétaire général de l'Onu, M. Ban Ki Moon, déshonore les Nations unies en participant à cette mascarade. C'est aussi simple que cela.

Je sens bien que le rédacteur en chef de *Peninsula* n'est pas convaincu par mon argumentaire. Il trouve que certaines choses vont mieux sans les dire. « *Vous n'êtes au Qatar que depuis quelques mois,* rappelle-t-il. *Il faut connaître et comprendre les subtilités de ce pays. L'objectif que vous poursuivez est sans doute juste et je crois que vous êtes honnêtes et sincères. Mais ne pensez-vous pas que vos chances de succès seraient bien meilleures si vous évitiez les conflits et faisiez preuve de davantage de patience ?* » Certainement, mais comme l'écrivait René Char : « *Ce qui vient au monde pour ne rien troubler ne mérite ni regards ni patience.* » Les jours suivants, je ne suis guère surpris de constater que le brave homme a renoncé à publier notre entretien.

La dernière interview que j'accorde à Doha n'en est pas une. Il s'agirait plutôt d'un monologue aussi pathétique qu'ennuyeux. Ahmed Ali, « general manager » du quotidien *Al Watan,* le journal arabophone qui m'a accusé d'avoir invité « Satan en personne » à Doha, a souhaité me rencontrer et j'ai bien volontiers accepté, espérant naïvement que nous pourrions débattre de nos divergences. Nous avons rendez-vous à la rédaction du journal. Il est flanqué d'un assistant chargé de prendre note, qu'il traite comme un domestique. Je l'écoute patiemment me dire ce que je sais déjà : il ne nous aime pas, considère que nous sommes un danger pour la société qatarienne. Il se réjouit d'un avis rendu quelques jours plus tôt par le Conseil consultatif. Le président de cette assemblée, Mohamed bin Mubarak al-Kholaify, a jugé « *regrettable que des hypocrites aient infiltré la profession et s'acharnent à entacher l'image du pays en encourageant le développement d'un journalisme irresponsable* ». Les vingt-quatre membres du Conseil ont ensuite émis le souhait que les peines soient portées à trois cent mille riyals (cinquante-six mille euros) d'amende et un an d'emprisonnement pour les journalistes « *portant atteinte à l'émir, à la sécurité nationale, à la religion et à la Constitution* ». Je n'ai pas le temps d'en placer une. Le « general manager » parle maintenant de lui. À la troisième personne. L'Alain Delon de la presse qatarienne. Journaliste à vingt et un ans, rédacteur en chef à vingt-quatre, il se vante d'incarner une forme de journalisme responsable et courageux. « *Le stylo d'Ahmed Ali fait trembler l'émir* » me dit-il. Je commence à m'ennuyer. Mais il n'a pas fini. Il trouve regrettable que la plupart des journalistes au Qatar soient d'origine étrangère. Il voudrait davantage de Qatariens dans les rédactions. L'ennui, naturellement, c'est que le métier de journaliste est assez mal payé et qu'il faut beaucoup travailler. Le contraire des ambitions de la plupart des Qatariens. Après vingt minutes d'inepties, je comprends qu'il n'a pas l'intention de poser la moindre question, mais seulement de me faire la leçon. Je ne suis plus d'humeur. J'en ai assez entendu. Je me lève et le laisse à ses rêves de gloire.

XX

LE PRIX DE LA MAUVAISE CONSCIENCE

« *Le départ non regretté de Robert Ménard* » titre le journal *Al Sharq*, le 29 juin 2009. Jaber Al Harami, le journaliste qui m'a déjà accusé d'être un « pornographe », affirme que j'ai « *pris la fuite, sans verser les salaires des employés du Centre* ». Nous ne sommes plus à un mensonge près. Quelques jours plus tôt, nous retrouvons Cheikha Mozah à Paris. Elle accompagne son mari en visite d'État et nous a donné rendez-vous dans leur duplex de la rue de Rivoli. Je viens lui présenter officiellement notre démission. Dominique de Villepin, qui a accepté de servir de messager, participe à la rencontre. Plus élégante que jamais, dans un simple chemisier de soie au décolleté extravagant pour une femme d'émir, elle nous reçoit dans un grand salon donnant sur le jardin des Tuileries. Elle se lève pour nous accueillir et nous gratifie d'une longue poignée de main où elle cherche à exprimer son embarras pour la tournure des événements. Nous nous installons sur l'un des trois canapés en velours de cette pièce aux murs recouverts de peintures occidentales.

Elle prend place sur un autre, au côté de l'ancien Premier ministre. « *Je suis désolée de ne pas avoir pu éviter un tel dénouement*, nous dit-elle dans un anglais irréprochable. *J'aurais voulu pouvoir l'empêcher, mais nous avons sous-estimé la difficulté.* » Après un instant de silence : « *Nous avions minimisé les forces de résistance.* » Je lui dis que je n'ai jamais douté de sa sincérité et que je n'ai donc aucun regret. Elle convient avec moi qu'il faut être fier de tout ce qui a été réalisé et de l'aide que nous avons pu apporter à des dizaines de journalistes dans le monde entier. Pour le reste, elle demeure déterminée à poursuivre le travail et me demande de continuer à la conseiller. « *Je suis la femme de l'émir et j'ai des obligations à cet égard*, me dit-elle. *Je ne peux pas prendre de décisions qui menacent l'équilibre de notre société. Mais je n'oublie pas que ma mission est d'éveiller certaines consciences et d'aider mon pays à être de plain-pied dans le* XXI*e siècle.* » Je lui fais remarquer que sa tâche est considérable. Elle sourit et, manière d'acquiescer, répond qu'elle a la patience nécessaire. « *Puis-je compter sur vous pour rester en contact et nous aider à faire avancer les choses ?* » insiste-t-elle. Le Qatar n'a toujours pas ratifié le Pacte international relatif aux droits civils et politiques, la loi sur la presse n'a pas été modifiée, les journalistes ne sont toujours pas autorisés à former une association. Encore du pain sur la planche effectivement. Il reste un détail pratique à régler :

la garantie que tous les engagements financiers du Centre seront respectés. À peine avons-nous commencé à évoquer la question, Cheikha Mozah se penche vers moi : « *J'ai mauvaise conscience pour tout ce que vous avez subi. Je voudrais pouvoir vous témoigner ma reconnaissance. Si vous avez quelque projet que ce soit, ici ou ailleurs, croyez bien que je les soutiendrai. Vous n'avez qu'à me demander.* » Dominique de Villepin me lance un sourire, comme un encouragement à mettre un chiffre sur la table. Je les regarde, étonné. « *Vous avez sans doute mal compris. Je ne demande aucune faveur personnelle. Seulement que vous vous engagiez à payer les factures et les salaires des collaborateurs du Centre.* » À son tour, elle semble surprise. Sans doute n'a-t-elle encore jamais vu personne refuser un chèque royalement offert. « *Nous allons régler cela,* dit-elle. *Mais réfléchissez à ma proposition. Je suis sincère. Si je peux vous aider, ce sera avec plaisir.* » La princesse fait signe à son directeur de cabinet et lui demande d'appeler Cheikh Hamad bin Thamer, le président de notre conseil d'administration, l'homme qui s'était juré d'avoir notre tête. Elle prend le combiné et, d'un ton que l'on devine cassant, lui demande de faire le nécessaire immédiatement pour payer factures et salaires. Au bout du fil, il semble pinailler. Elle l'écoute tout en esquissant une moue à notre intention pour indiquer qu'elle n'est pas dupe de ce qu'il lui raconte. Elle répète que tout doit être réglé sans délai. On ne discute pas un ordre de Son Altesse.

Nous bavardons encore pendant un moment, tandis que les employés de maison nous apportent des « *smoothies* » à la framboise et des gâteaux secs fraîchement sortis du four. Je la félicite notamment pour sa réception au sein de l'Académie des beaux-arts où on l'a vue la veille coiffée du bicorne. Elle est très fière de cet honneur. En nous raccompagnant, elle nous remercie encore pour tout ce que nous avons fait. « *Nous nous reverrons très vite* » ajoute-t-elle en nous serrant la main.

« *Elle a mauvaise conscience de vous avoir entraîné dans cette aventure. Elle vous l'a dit. Vous auriez pu en profiter pour lui demander quelque faveur* » me dit Dominique de Villepin en sortant de l'immeuble. Je suis très loin de cette idée. De retour à Paris, je retrouve avec un certain bonheur ma famille, mes habitudes, mes amis, et je ne doute pas qu'il y aura d'autres aventures formidables à vivre. Pour Cheikha Mozah, et indirectement pour l'émir, bien plus que pour nous, la déconfiture que vient de subir le Centre de Doha pour la liberté d'information est un échec cuisant qui les affaiblit face au camp des conservateurs. La tentative de coup d'État le mois suivant va le démontrer. Il me paraît encore plus incongru de chercher à retourner la situation à mon avantage en réclamant quelque cadeau que ce soit. « *S'il me semble qu'elle peut soutenir d'autres combats à l'avenir, je lui soumettrai l'idée* » dis-je simplement à l'ancien Premier ministre. Les gardes du corps et les policiers mobilisés pour la sécurité du couple princier s'agitent. L'émir doit arriver d'une minute à l'autre. Jacques Chirac descend de voiture. Il vient nous saluer et embrasser Dominique de Villepin avant de disparaître sous le porche. Des *smoothies* à la framboise l'attendent au deuxième étage.

XXI

NOUS SOMMES DES MILITANTS

En mai 2009, je reçois à Hambourg un prix décerné par le magazine *Stern.* Il récompense l'action menée pendant vingt-trois ans à la tête de Reporters sans frontières et celle que je mène alors, avec mon équipe, à Doha.

J'ai l'esprit préoccupé par les difficultés que nous rencontrons. Chaque fois que mon téléphone portable sonne, je crains que ce ne soit l'annonce d'un nouveau tracas causé par nos ennemis. Tous les jours, il m'arrive de penser que ça n'en vaut pas la peine. Je vis loin de ma famille, comme plusieurs autres de mes collaborateurs d'ailleurs. Notre vie à Doha, en dehors du travail, est loin de valoir socialement ou culturellement ce que nous connaissons à Paris ou ailleurs. Et pour ce qui est de notre travail, tout porte à croire que nous ne sommes pas les bienvenus.

En montant à la tribune, à Hambourg, et en prononçant mon discours de remerciement, je sais pourtant que nous avons raison d'être là-bas, quel qu'en soit le prix et quelle que soit l'issue de notre aventure.

Voici les mots que je prononce ce jour-là, et que je pense encore :

« *Nous sommes des militants. Oui, des militants. Et, quitte à paraître naïfs, des militants qui pensent, qui rêvent à un monde plus clément pour les faibles, les pauvres, les laissés-pour-compte.*

On ne peut pas accepter le monde tel qu'il est. On ne peut pas accepter que toute une partie de l'humanité soit privée d'avenir. On ne peut pas, on ne doit pas s'y résigner.

C'est pour cela que nous avons besoin de journalistes indépendants, d'une presse libre. Parce que le rôle des médias, c'est d'abord et avant tout de dire ce qui ne va pas. C'est de déranger, de bousculer, de mettre le doigt où cela fait mal.

On me répondra que les journalistes n'ont pas à prendre parti. Dans les luttes politiciennes, c'est vrai, il faut garder nos distances. Mais je ne vous parle pas de cela. Je vous parle de ces enfants qui crèvent de faim, de ces guerres qui tuent plus de civils que de militaires, de ces pays qui vivent sous la botte de véritables salauds, de ces dictateurs – qui ne sont d'autres que des malfrats – qui mettent leur peuple en coupe réglée et que nous continuons à recevoir dans nos chancelleries, dans nos palais gouvernementaux sans beaucoup d'états d'âme.

J'entends d'ici ceux qui nous répondent que le monde est ainsi fait, qu'il faut prendre patience, qu'il faut bien faire des compromis. Quand on est diplomate, bien sûr. C'est leur mission et j'ai du respect pour eux. Mais nous ne sommes pas des diplomates. Nous n'avons pas à prendre ces précautions. Nous pouvons dire et dénoncer sans détours, sans prudence, sans complaisance.

Mais, me direz-vous, avec vos combats, vos mobilisations, la situation de la presse s'est-elle améliorée ? Difficile de répondre. Si l'on en croit les chiffres des journalistes tués, emprisonnés, malmenés, si l'on prend en compte les médias censurés, réduits au silence, il n'est pas sûr que nous ayons progressé. Mais, paradoxalement, ces chiffres témoignent de l'existence d'une presse toujours plus remuante, toujours plus dérangeante. Et puis, si à l'aune des malheurs du monde, nous n'avons pas fait grand-chose, comme le pensent et ricanent certains, pour ceux qui, grâce à nous notamment, sortent d'une geôle arpentée des années durant, la perspective n'est pas la même. Moins théorique. Plus vitale.

Une chose encore. Je dirige aujourd'hui une fondation basée dans le monde arabe. Et je voudrais vous mettre en garde contre une situation qui nourrit les frustrations de beaucoup et alimente des réflexes anti-occidentaux particulièrement dangereux. Une situation qui s'explique notamment par les lâchetés, l'égoïsme et les erreurs de nos pays. Je n'arrive pas à comprendre – ou je comprends trop bien – pourquoi nos démocraties continuent de soutenir des régimes du monde arabe corrompus et liberticides. Pourquoi ne défendons-nous pas les démocrates arabes comme nous l'avons fait pour les dissidents de l'ex-URSS ? La réponse est malheureusement évidente : le pétrole, le gaz, les contrats d'armement. Attention à cette situation. Comme dans l'autre camp, si j'ose dire, prenons garde à ne pas apporter un soutien aveugle à une politique israélienne qui met à mal la sécurité du peuple juif lui-même.

Au fond, vous l'avez compris, je ne voudrais vous dire qu'une chose, une seule chose. Il ne faut pas baisser les bras. Jamais. Surtout pas. Nous avons la chance de vivre dans des pays de liberté – quoi qu'en disent certains – profitons-en pour nous mobiliser pour les autres. Partout. Pas d'indignations à géométrie variable. Pas de ces haut-le-cœur sélectifs qui font que l'on dénoncera la Birmanie, dictature de "droite", mais que l'on se taira sur Cuba, dictature de "gauche". Qu'on viendra au secours de ceux qui professent des idées "convenables", mais qu'on ignorera les autres, ceux qui partagent des valeurs différentes des nôtres. Attention à cette vieille intolérance, le fameux "pas de liberté pour les ennemis de la liberté". Je préfère la Cour européenne des droits de l'homme qui rappelle souvent que la liberté d'expression s'applique même à des opinions "choquantes" pour une partie de la population.

Voilà, je suis fier et ému d'être parmi vous. Mes dernières pensées iront à ceux que nous défendons, que je défends depuis des années. Pour eux, nous avons besoin de convictions fortes, d'être animés d'une sorte de foi. Parce que, comme le dit le philosophe romain Sénèque : "Ce n'est pas parce que les choses sont difficiles que nous n'osons pas. C'est parce que nous n'osons pas qu'elles sont difficiles". »

ANNEXES

Le Qatar en chiffres

Superficie : 11 437 km^2

Population : 1 623 724 habitants, dont 1 248 668 hommes et 375 056 femmes [1]
Population urbaine : 96 % [2]
Croissance annuelle (2005-2010) : 10,7 % [2]
Âge médian (hommes) : 32,8 [2]
Âge médian (femmes) : 25,4 [2]

Analphabétisme (hommes) : 9,8 % [2]
Analphabétisme (femmes) : 9,7 % [2]
Nombre d'universités : 9 [1]
Nombre d'étudiants : 12 480 [1]
Dépenses pour l'éducation : 3,3 % du PIB [3]

Livres publiés : 209 titres/an [2]

Religions : musulmans 77,5 %, chrétiens 8,5 %, autres 14 % [4]

PIB total : 102,3 milliards $ [5]

---

1. Données 2009. Qatar Statistics Authority.
2. *L'état du monde* (Éd. La Découverte).
3. Données 2005. Central Intelligence Agency (CIA), *The World Factbook.*
4. Recensement 2004. Qatar Statistics Authority.
5. Estimation 2008. Central Intelligence Agency (CIA), *The World Factbook.*

Croissance annuelle (2008) : 16,4 % [1]
PIB par habitant : 110 700 $ [2]
Inflation : 15,1 % [2]
Exportations : 55,06 milliards $ [2]
Principaux clients : Japon 40,8 %, Corée du Sud 16,3 %, Singapour 11,8 %, Thailande 4,6 %, Inde 4,4 % [2]
Importations : 21,16 milliards $ [2]
Principaux fournisseurs : États-Unis 12,3 %, Allemagne 9,2 %, Italie 9,1 %, Japon 8,1 %, France 6,3 %, EAU 5,6 % [2]
Dette extérieure totale : 55,79 milliards $ [2]
Taux de change : 1 qatar riyal = 3,64 US $ = 0,1918 €

Armée de terre (milliers) : 8,5 [1]
Marine (milliers) : 1,8 [1]
Aviation (milliers) : 1,5 [1]
Dépenses militaires : 10 % du PIB [2]

---

1. *L'état du monde* (Éd. La Découverte).
2. Estimation 2008. Central Intelligence Agency (CIA), *The World Factbook.*

La Constitution du Qatar (adoptée le 29 avril 2003)

Le pouvoir exécutif est sous la responsabilité de l'émir qui s'appuie sur le Conseil des ministres (Article 62).

L'émir est le chef de l'État du Qatar. Sa personne est inviolable et doit être respectée par tous (art 64). Il est le chef suprême des forces armées qu'il supervise avec l'assistance du Conseil de la Défense (art 65). Il représente l'État à l'intérieur et à l'extérieur du territoire, notamment dans les relations internationales (art. 66).

L'article 67 de la Constitution énumère ses pouvoirs :

1 – Élaborer la politique générale du pays, en concertation avec le Conseil des ministres, dans les domaines politique, économique, social, culturel et administratif.

L'émir doit également veiller à l'exécution de cette politique générale.

2 – Ratifier les lois et les décrets et veiller à leur exécution.

3 – Nommer les fonctionnaires civils et militaires et déterminer leurs fonctions conformément aux lois.

Le Premier ministre est nommé par l'émir qui peut le « relever de ses fonctions ou accepter sa démission » (art. 72). L'émir nomme aussi les ministres, sur proposition du Premier ministre. Il accepte leur démission et peut aussi les renvoyer (art. 73).

Le pouvoir législatif revient au Conseil consultatif (Majlis Al-Choura) qui est composé de quarante-cinq membres dont les deux tiers sont élus au suffrage universel direct pour quatre ans. Les quinze autres membres sont nommés par l'émir (art. 77).

L'émir convoque le corps électoral pour constituer le Conseil consultatif. Il peut aussi le dissoudre si les intérêts de l'État l'exigent mais il doit alors motiver sa décision. En cas de dissolution, de nouvelles élections doivent avoir lieu dans les six mois (art. 104).

Les membres du Conseil consultatif sont protégés par une immunité relative prévue par l'article 113 qui prévoit qu'un « membre du Conseil consultatif, s'il n'est pas pris en flagrant délit, ne peut être arrêté, incarcéré, perquisitionné ou interrogé sans l'accord préalable du Conseil ».

Le Conseil consultatif exerce l'autorité législative, approuve le budget de l'État et contrôle l'action du pouvoir exécutif (art. 76).

Ses membres ont le droit de demander au Premier ministre ainsi qu'aux autres ministres toute information ou explication qu'ils jugent utiles (art. 109).

Le Conseil consultatif peut aussi mettre en cause la responsabilité du Conseil des ministres par le vote d'une motion de censure. Les membres du Conseil consultatif peuvent faire des propositions de loi (art. 105).

Elles doivent d'abord être soumises aux commissions compétentes du Conseil consultatif, puis à l'approbation de l'émir. Si une proposition de loi est rejetée, elle est renvoyée au Conseil consultatif. Si celui-ci l'approuve à nouveau, l'émir l'entérine et la promulgue.

Le 2 juillet 2008, l'émir a promulgué le décret n° 47/2008 pour la prolongation de deux ans du mandat du Conseil consultatif, à compter du 1er juillet 2008.

Traduction d'une interview accordée par Robert Ménard au *Financial Times* le 6 avril 2009.

Robin Wigglesworth : Quel est le principal problème de la loi de la presse au Qatar ?

Robert Ménard : La loi sur la presse est à la fois obsolète et répressive. D'abord, elle ne prend pas en compte l'apparition des télévisions satellitaires et d'Internet. Un comble dans le pays qui a vu naître Al Jazeera ! Ensuite, elle prévoit des peines de prison pour tout un tas de délits de presse. Et ce n'est pas tout : elle établit une liste impressionnante de sujets tabous : la critique de la religion bien sûr, l'armée, l'intégrité territoriale, l'émir... comme si cela ne suffisait pas, les autorités peuvent, quand elles le veulent, élargir encore cette liste d'interdits. Ajoutez à cela les multiples obstacles qu'elle impose à ceux qui veulent créer des médias, et vous comprendrez que son objectif n'est rien moins qu'un contrôle absolu des moyens de communication. D'où une censure et une autocensure omniprésentes.

Comment cette loi pourrait être améliorée ?

Il faut changer la loi de fond en comble. Et vite ! Des discussions sont en cours depuis plusieurs années. Il faut maintenant trancher. Le Centre de Doha a fait une proposition dans ce sens. Certains, à la tête de l'État, y sont favorables. D'autres, absolument pas. Le pouvoir au sommet de l'État est loin d'être monolithique...

Quelles sont les limites et restrictions auxquels les médias locaux doivent faire face ?

De fait, il leur est pratiquement impossible de critiquer la politique des autorités. D'autant que les journalistes étant quasiment tous non qatariens, ils sont à la merci de leurs employeurs. En effet, aujourd'hui encore, les rédactions des journaux gardent les passeports des journalistes étrangers qu'elles emploient ! Ceux-ci ont besoin de l'accord de leur patron pour sortir du pays. De quoi brider leur esprit critique... Une nouvelle loi est en passe de changer cette situation mais, jusqu'ici, les journalistes étrangers qui peuplent les rédactions qatariennes sont en état de total dépendance. Quant aux syndicats de journalistes, ils sont toujours interdits même si, là encore, les choses pourraient changer, si j'en crois des proches de Cheikha Mozah, l'épouse de l'émir, qui est à l'initiative de la création du Centre de Doha.

Autre problème : l'accès à l'information. Dans tous les domaines. Il est très difficile pour un journaliste d'avoir accès aux données publiques et encore plus de s'aventurer à enquêter sur les informations économiques distillées par les entreprises. Vous êtes vite accusé de jouer contre les intérêts du pays. Avec les risques que cela comporte.

Si le Qatar n'améliore pas les conditions de l'industrie des médias locaux, est-ce que le Centre pourra réellement rester basé à Doha et continuer à critiquer les autres pays tout en restant crédible ?

Dès le début, les choses sont claires avec Cheikha Mozah. Si la situation de la presse au Qatar ne s'améliore pas, nous quitterons le pays. Il n'est pas question de montrer du doigt les pays de la région, par exemple, et d'accepter que le Qatar soit à la traîne en matière de liberté de la presse. Nous n'aurions aucune crédibilité. Je ne l'accepterai pas.

Cheikha Mozah est sincèrement attachée à ce que les choses changent. Elle me l'a dit à plusieurs reprises. Elle en a apporté la preuve en mettant en place le Centre de Doha et en m'en confiant la direction. Je ne suis pas un habitué du compromis, elle le sait et, si j'en crois ses propos, ne s'en plaint pas. Mais la société qatarienne compte aussi des responsables moins ouverts, persuadés que le pays a intérêt à faire taire les voix dissidentes. Ils ont tort : avec une plus grande liberté d'expression, le Qatar sera plus fort sur la scène internationale et plus légitime dans le rôle de médiateur qu'il s'est donné.

Est-ce qu'une réelle liberté de la presse peut exister dans un pays qui est toujours une autocratie wahhabite ?

C'est tout le pari du Centre. Montrer que l'on peut être un pays arabe, musulman, wahhabite qui plus est, et, en même temps, respectueux de la liberté d'expression et de la liberté de la presse. Ce n'est pas facile. Mais le fait que le Centre, installé à Doha, critique comme il le fait les autorités du pays est déjà une véritable révolution. Quel pays de la région accepterait d'accueillir et de financer un organisme qui le critique sans prendre de gants ? Je n'en connais pas. Alors, c'est vrai, la partie n'est pas gagnée mais l'enjeu est tel qu'il vaut la peine, me semble-t-il, qu'on se batte pour lui. Aujourd'hui, toutes les organisations internationales de défense de la liberté de la presse et, plus généralement, de défense des droits de l'homme, sont installées dans des pays occidentaux. Le Centre de Doha est une exception. Une première. Et la preuve que cette partie du monde, loin d'être condamnée à ressasser que les droits humains sont une invention de l'Occident, démontrera qu'il n'y a pas de contradiction entre islam et respect de la personne. C'est notre défi.

Extraits du mémoire adressé par le Centre de Doha pour la liberté d'information au procureur de la Cour pénale internationale, le 3 février 2009.

Dans un mémoire adressé au procureur de la Cour pénale internationale – La Haye –, le Centre de Doha affirme que les attaques répétées contre les journalistes et les médias lors de la campagne de l'armée israélienne dans la bande de Gaza, nommée Plomb durci, constituent des crimes de guerre au sens de l'article du Statut de la Cour et de l'article 85 du Protocole additionnel 1 aux Conventions de Genève du 12 août 1949 relatif à la protection des victimes des conflits armés internationaux, et justifient l'ouverture d'une enquête.

En effet, le Centre de Doha rappelle que la protection accordée par le droit international humanitaire aux personnes et aux biens civils s'applique également aux journalistes et aux médias qui ne peuvent être considérés comme des objectifs militaires, sauf cas exceptionnels. Dans son mémoire adressé au procureur de la Cour, le Centre rappelle notamment que les principes de distinction (entre la population et les biens de caractère civil et les objectifs militaires) et de proportionnalité n'ont pas été respectés. Non plus que l'obligation d'avertissement de la population civile et des journalistes avant le déclenchement d'une attaque.

Le mémoire adressé au procureur de la Cour pénale internationale souligne en outre que les médias « de propagande » doivent bénéficier de la même protection, sauf s'ils viennent à diffuser des messages d'incitation à commettre des violations graves du droit international humanitaire, des actes de génocide ou des actes de violences. Or, l'État d'Israël, partie aux quatre Conventions de Genève de 1949 qui ont dès lors force contraignante à son égard, n'a pas apporté d'éléments probants susceptibles de justifier l'exception à la règle d'immunité.

Conformément à l'article 15 du Statut de la Cour pénale internationale, le Centre de Doha demande au procureur d'ouvrir une enquête de sa propre initiative sur ces crimes de guerre et de rechercher auprès des États, des organes de l'Onu, des organisations intergouvernementales et non gouvernementales ou d'autres sources dignes de foi tous les renseignements relatifs aux attaques subies par les journalistes et médias dans la bande de Gaza entre le 27 décembre 2008 et le 18 janvier 2009 et rappelées ci-dessous.

Rappel des faits :

Le 29 décembre 2008, l'armée israélienne a pris pour cible le siège de la télévision Al-Aqsa, situé dans le quartier Al-Nasr de Gaza. La chaîne, lancée par le Hamas en 2005, a continué la diffusion de ses programmes grâce à un studio mobile. Aucun employé ne se trouvait dans les locaux au moment de l'attaque.

Le 5 janvier 2009, les forces de défense israéliennes ont bombardé les bureaux de l'hebdomadaire *Al-Rissala*, financé par le Hamas.

Le 9 janvier 2009, une roquette s'est abattue sur l'immeuble Al-Johara, abritant une quinzaine de médias du monde arabe *(Dubai TV, LBC, Bahreïn TV, Nile TV, Al-Alam, Press TV, Al-Majd, Dalil TV, El-Ekhbariya,* télévision libyenne, *Saudi TV2, PMCTV).* Plusieurs antennes satellitaires se trouvaient sur le toit. Des bandeaux marqués TV et PRESS avaient été déposés sur le toit de l'immeuble à l'attention des pilotes israéliens.

Manar Shalloula, de la chaîne de télévision saoudienne Al-Ekhbariya, a reçu des éclats de roquette sur la tête. Il a été hospitalisé. Ses jours ne sont pas en danger.

Au moment de l'attaque près de vingt-cinq journalistes se trouvaient sur le toit de l'immeuble (de onze étages) pour réaliser des directs ou enregistrer des « *stand-up* ». Après le premier moment de surprise, ils ont tout abandonné pour évacuer l'immeuble. « *Nous pensions qu'il s'agissait d'un tir d'avertissement qui allait être suivi par une bombe larguée par un F-16. Mais ça n'a pas été le cas* » a affirmé un collaborateur de Dubaï TV au Centre de Doha. Et d'ajouter : « *Nous avons contacté l'armée israélienne pour demander des explications. Ils ont d'abord affirmé que la roquette avait été tirée par erreur avant de déclarer que les antennes étaient la cible.* »

Un porte-parole du Premier ministre israélien Ehud Olmert a justifié l'attaque, dans une interview à Al Jazeera, en expliquant que le matériel de communication de la tour Al-Johara pouvait être utilisé par les militants du Hamas. Pourtant, aucun avertissement n'a été adressé aux journalistes de l'immeuble.

Le 15 janvier 2009, une explosion a frappé l'immeuble Borj Al-Shourouq, abritant des médias étrangers (arabes et internationaux). Deux journalistes d'Abou Dhabi TV, tous deux âgés de 33 ans, Mohamed Sobhi al Sosi et Ayman Yousef al Rouzi, ont été respectivement blessés à la main (par des éclats de verre) et à la tête (par des éclats d'obus). Abu Dhabi TV a été le média le plus rudement touché dans l'immeuble Borj Al-Shourouq puisque le missile a atterri directement dans leurs toilettes. Les murs ont été partiellement détruits, les vitres ont volé en éclats. L'entrée principale de leurs locaux a été détruite. La plupart des ordinateurs portables, toutes les machines servant à mixer et plusieurs caméras ont été détruits.

Reuters a affirmé avoir prévenu, à maintes reprises, l'armée israélienne de l'emplacement (coordonnées GPS) de leur bureau à Gaza. Peu avant l'explosion, un porte-parole de l'armée avait contacté le bureau de l'agence à Jérusalem pour localiser le bureau de Gaza.

Un journaliste de l'agence britannique a déclaré au Centre de Doha que l'armée israélienne avait probablement pris l'immeuble pour cible du fait de l'installation d'une caméra télescopique sur le toit. Le bureau de Reuters, situé au douzième étage, a essuyé des tirs pendant la guerre et ses vitres ont été soufflées par des explosions.

L'immeuble Borj Al-Shourouq abrite les bureaux de l'agence de presse Reuters, des télévisions Fox, Sky et RTL ainsi que des médias arabes comme les chaînes Al-Arabiya, Abou Dhabi TV et MBC.

Bassel Ibrahim Farj, un cameraman de l'agence Palestine Media Production (PMP) âgé de vingt et un ans, était en train de filmer les dégâts causés par l'un des raids lorsqu'il a été victime d'une nouvelle attaque aérienne, le 27 décembre 2008. Grièvement blessé, il est décédé à l'hôpital le 6 janvier, après son transport en Égypte.

Les journalistes Mohammed Al-Tanani et Mohammed Madi de l'agence PMP, ainsi que Khaled Abu Shamala, correspondant de la chaîne de télévision marocaine 2M, ont également été blessés dans l'attaque.

Un autre journaliste palestinien, Alaa Murtaja, a été tué le 9 janvier 2009 dans un bombardement alors qu'il intervenait en direct à l'antenne depuis son domicile, situé dans le quartier Al-Zaitoun, dans le sud de Gaza. L'intensification des frappes israéliennes avait contraint Alaa Murtaja, correspondant, entre autres, de la radio locale Al-Buraq, à travailler de chez lui pour des raisons de sécurité.

Le 16 janvier 2009 en fin d'après-midi, un journaliste italien travaillant pour le journal italien *Corriere della Sera*, a été blessé par des tirs d'un soldat israélien. Venant de Khan Yunis (au sud de la bande de Gaza), il se rendait à Gaza avec un traducteur palestinien, à bord d'une voiture sur laquelle le symbole TV était visible. Alors qu'il approchait d'un *check-point* israélien, un soldat israélien a ouvert le feu, tirant plus de dix balles sur la voiture. Légèrement blessé à la main, le journaliste a été conduit à l'hôpital de Khan Younis d'où il a pu sortir rapidement après avoir reçu des soins.

Le bilan total fait état de deux journalistes tués et six blessés dans l'exercice de leur métier, ainsi que des dommages matériels importants.

[...]

Communiqué du Centre rendu public à l'occasion de la venue à Doha, dans le cadre d'un sommet de la Ligue arabe, du président soudanais Omar el-Béchir, poursuivi par la Cour pénale internationale.

Le Centre de Doha pour la liberté d'information est consterné par la participation de Monsieur Omar el-Béchir, président soudanais, au Sommet de la Ligue arabe, organisé à Doha les 30 et 31 mars 2009. Monsieur el-Béchir est, depuis le 4 mars dernier, sous le coup d'un mandat d'arrêt de la Cour pénale internationale (CPI) pour crimes de guerre et crimes contre l'humanité. Il est soupçonné d'être pénalement responsable d'attaques intentionnellement dirigées contre une importante partie de la population civile du Darfour, de meurtres, d'actes d'extermination, de viol, de torture, ainsi que de transfert forcé d'un grand nombre de civils et de pillage de leurs biens.

« *Bien que le Qatar n'ait pas ratifié le statut de la Cour pénale internationale, et malgré son rôle essentiel dans la médiation en cours entre le Darfour et les autorités soudanaises, accueillir le président el-Béchir au Sommet annuel de la Ligue arabe est un mauvais coup porté à la justice internationale,* estime le Centre de Doha. *On ne peut pas se féliciter de la saisine du procureur de la CPI lorsqu'il s'agit des crimes commis par Israël à Gaza et s'en plaindre pour un pays ami. Les pays arabes pratiquent, ce faisant, le "deux poids deux mesures" dont ils se plaignent si souvent à l'égard de la Palestine.* » La plupart des pays de la Ligue arabe s'étaient en effet félicités et avaient salué les initiatives d'ONG, dont le Centre de Doha, lorsqu'elles avaient saisi la CPI des crimes commis à Gaza par l'armée israélienne au début de l'année 2009.

Enfin, le Centre de Doha déplore vivement la présence de Monsieur Ban Ki-Moon, secrétaire général des Nations unies, au Sommet de Doha. « *Sa présence peut être perçue comme une caution au président soudanais,* précise le Centre, *mais surtout, un camouflet pour la CPI, un pied de nez à la lutte contre l'impunité alors que, selon les propres chiffres de l'Onu, le conflit au Darfour a fait près de trois cent mille victimes.* »

Jusqu'à présent, seulement trois États de la Ligue arabe ont ratifié le Statut de la Cour pénale internationale : la Jordanie, Djibouti et les Comores. Le Centre de Doha a officiellement demandé aux autorités qatariennes d'engager à leur tour une procédure de ratification du traité instituant la CPI.

TABLE DES MATIÈRES

Cet ouvrage a été composé et imprimé
en février 2010 par

CPI

FIRMIN-DIDOT

27650 Mesnil-sur-l'Estrée
N° d'impression : 98012
Dépôt légal : février 2010
ISBN : 978-2-35417-073-8

Imprimé en France